AF881813

Die

Reform der Voruntersuchung.

Vorschläge
zu einer Änderung der Strafprozeßordnung
nebst
einem Gesetzentwurf mit Begründung.

Von

W. Kulemann,
Landgerichtsrat in Braunschweig.

Zweite ergänzte Auflage.

BERLIN 1904.
J. Guttentag, Verlagsbuchhandlung,
G. m. b. H.

Vorwort.

Der nachfolgende Vortrag ist am 17. April 1902 in der Versammlung der Internationalen kriminalistischen Vereinigung, Landesgruppe Deutsches Reich, in Bremen gehalten und in den «Mitteilungen» Bd. X Heft 2 veröffentlicht. Auch die am 5. Juni 1903 in Dresden abgehaltene Versammlung hat sich mit dem Thema beschäftigt, ist aber zu dem Ergebnisse gelangt, dafs es, um zu den sowohl von mir wie von anderen Seiten gemachten Vorschlägen Stellung nehmen zu können, erforderlich sei, formulierte Gesetzentwürfe auszuarbeiten. Ich habe mich dieser Aufgabe unterzogen.

Bekanntlich ist inzwischen seitens des Reichsjustizamtes eine Kommission eingesetzt, um eine Reform der Strafprozefsordnung vorzubereiten. Da hierdurch die Frage gewissermafsen offiziell auf die Tagesordnung der öffentlichen Erörterung gesetzt ist, so glaubte ich, auch meine Ausführungen einem gröfseren Kreise, als den Mitgliedern der I.K.V. zugänglich machen zu sollen.

Braunschweig, 25. April 1904.

W. Kulemann.

Inhalt.

Seite

Einleitung 7

Abgrenzung des Themas (7). Die bisher gegen die V. erhobenen Vorwürfe (7). Die bisher gemachten Vorschläge zur Abhilfe (8). Der Unwert allgemeiner Prinzipien für ein gerichtliches Verfahren. Deduktive und induktive Methode (9). Reihenfolge der Untersuchung (11).

Öffentlichkeit 11

Geschichtliche Entwickelung (11). Volle oder blofse Parteienöffentlichkeit (12). Vorteil der Mitwirkung des Publikums (13). Gefährdung durch den Angeklagten (14). Tragweite dieser Gefahr (14). Loyale und illoyale Angeklagte (15). Die Öffentlichkeit trägt die Korrektur ihrer Gefahr in sich selbst (16). Die Öffentlichkeit ist das kleinere unter zwei Übeln: entweder Öffentlichkeit oder Berufung (17). Aufgaben der Voruntersuchung als Generalprobe (18).

Mündlichkeit 19

Nichtbeobachtung des § 188 St.P.O. in der Praxis (20). Verhängnisvolle Bedeutung der Untersuchungsakten (21). Ausschliefsung der Protokollierung (21). Bedenken hiergegen: 1. Aufklärung von Widersprüchen (22). 2. Beschlüsse über die Eröffnung des Hauptverfahrens (23). Vorschlag, das Eröffnungsverfahren kontradiktorisch zu gestalten (25). Übertragung des Eröffnungsbeschlusses auf den Untersuchungsrichter (25). Beschwerde (26). Alle Beweise sind schon in der V. zu erheben (27). In allen nicht ganz einfachen Sachen ist die V. obligatorisch zu machen (28). Übermäfsige Häufung der Vernehmungen (29). Ausdehnung der Mündlichkeit auch auf die polizeiliche Thätigkeit (29).

Anklageverfahren 30

Falsches Prinzip der Parteiengleichheit (30). Der Angeklagte ist nicht Subjekt, sondern Objekt des Verfahrens (32). Verhör oder Gehör (32). Einwendungen hiergegen (35). Der Angeklagte hat kein Recht zur Verweigerung der Aussage (37). Er ist auch nicht zu befragen, ob er etwas auf die Beschuldigung erwidern wolle (39). Anklageprinzip und Anklageform (40).

Verteidigung 40

Voraussetzungen (42). Umfang (42). Öffentliche Verteidigung (43).

Seite

Beibehaltung oder Beseitigung der Voruntersuchung 45
Falsche juristische Konstruktion (45). V. gegen unbekannten Thäter (45). Verspätete Eröffnung (46). Recht des Staatsanwaltes zu Vernehmungen (47).

Beschleunigung des Verfahrens 49
Kraftvergeudung durch falsche Stellung des Untersuchungsrichters (50). Eröffnung des Hauptverfahrens durch Beschlufs des Untersuchungsrichters (52). Derselbe hat die Anklage zu erheben und in der Hauptverhandlung zu vertreten (52). Vernunftwidrige Stellung des Verletzten (53). Anwesenheit bei allen Vernehmungen (56). Einwand: unzulässige Vermischung der Funktionen (57).

Praktische Gestaltung des Verfahrens 58
Falls ein Verletzter vorhanden ist (58). Falls ein solcher fehlt (59). Privatklage (60). Langdauernde Funktion des Untersuchungsrichters (60).

Schlufswort 61
Verschiedene Auffassung gegenüber dem Referenten (61). Kostenfrage (61).

M. H.! Wie Sie wissen, hat sich der letzte Kongrefs der I.K.V. in Pest mit der kontradiktorischen Voruntersuchung beschäftigt, ist aber nach eingehenden Beratungen zu der Ansicht gelangt, dafs diese Frage nicht eher beantwortet werden könne, als bis über die Grundlagen, nach denen die Voruntersuchung überhaupt zu konstruieren ist, eine Verständigung erzielt sei. Man hat deshalb beschlossen, auf die Tagesordnung des nächsten Kongresses das Thema zu setzen: «Welches sind die grundlegenden Gesichtspunkte, nach denen die gerichtliche Voruntersuchung und die Versetzung in Anklagezustand zu regeln ist?» Die Beratung des Kongresses vorzubereiten ist der Zweck unserer heutigen Verhandlung.

Nun ergibt schon die Fassung des Themas für den Kongrefs, dafs man die Erörterung nicht auf die Voruntersuchung im engeren technischen Sinne hat beschränken wollen, da man auch die Versetzung in Anklagezustand einbezogen hat. Ebensowenig aber soll von der Beratung das sog. vorbereitende Verfahren ausgeschlossen sein, denn in Pest spielte gerade eine Hauptrolle die Frage, ob nicht dieses letztere für die Vorbereitung der Hauptverhandlung ausreichend und deshalb die eigentliche Voruntersuchung ganz zu beseitigen sei. In der That läfst sich aus einem organischen Ganzen, wie es das Strafverfahren ist, nicht ein einzelner Teil so völlig loslösen, dafs er ganz ohne Zusammenhang mit den übrigen behandelt werden könnte. Ich halte mich deshalb für ermächtigt, auch meinerseits trotz möglichster Beschränkung auf das Gebiet der eigentlichen Voruntersuchung doch auch die benachbarten Teile des Verfahrens insoweit in die Erörterung zu ziehen, wie es der Zusammenhang nötig machen wird.

Wir werden logisch zu Werke gehen, wenn wir zunächst feststellen, welche Vorwürfe gegen die jetzige Voruntersuchung

suchung erhoben sind und welche Vorschläge man gemacht hat, um Abhilfe zu schaffen.

Weitaus der schwerwiegendste und weittragendste Angriff geht davon aus, dafs die Voruntersuchung von den grofsen Prinzipien des modernen Strafprozesses: Öffentlichkeit, Mündlichkeit und Anklageform nicht berührt sei und deshalb gewissermafsen als ein Stück Mittelalter vor uns stehe.

Wesentlich als Folge hieraus ergibt sich dann der zweite und dritte Hauptvorwurf, nämlich dafs die Interessen der Verteidigung nicht ausreichend gewahrt seien und dafs das Verfahren zu lange dauere.

Endlich wird in den mir persönlich nahe stehenden Juristenkreisen allgemein ein Fehler der Voruntersuchung darin gesehen, dafs der Untersuchungsrichter erst in einem zu späten Stadium zur Thätigkeit gelange, wodurch häufig die Erzielung des Erfolges wesentlich erschwert oder ganz ausgeschlossen werde.

Die Vorschläge zur Abhilfe ergeben sich zum Teil von selbst. Weitaus in der vordersten Reihe steht derjenige, die Voruntersuchung ebenso wie die Hauptverhandlung öffentlich, mündlich und akkusatorisch oder, was etwa dasselbe bedeutet, kontradiktorisch zu gestalten. Daneben fordert man eine weitere Ausgestaltung der Rechte der Verteidigung; insbesondere ist in Pest mit vielem Beifall die Einrichtung einer öffentlichen Verteidigung vorgeschlagen. Eine scheinbar sehr einfache und radikale Lösung ist ferner von Herrn Kollegen Dr. Aschrott empfohlen und wird heute von dem Herrn Referenten vertreten, nämlich die völlige Streichung der Voruntersuchung. Endlich hat es in Pest auch nicht an gewichtigen Stimmen gefehlt, die sich mehr oder minder entschieden gegen alle Änderungen erklärt haben und die Beseitigung der hervorgetretenen Mifsstände weniger von einer Änderung des Verfahrens als von einer besseren Auswahl der Personen erhoffen.

Die Berechtigung der erhobenen Vorwürfe wird am besten im Zusammenhange mit den als Abhilfe vorgeschlagenen Mafsregeln erörtert werden. Ich will mich deshalb an dieser Stelle auf einige allgemeine Bemerkungen beschränken.

Der erste Angriff, dafs die Voruntersuchung die Grundsätze des modernen Strafverfahrens nicht aufgenommen habe, ist an sich rein formeller Art und deshalb nicht beweiskräftig. Dafs auch die Voruntersuchung nach denselben Grundsätzen konstruiert sein müsse, wie das Hauptverfahren, ist keineswegs selbstverständlich, da beide trotz ihres gemeinsamen Zieles doch in ihrer Natur wesentlich verschieden sind. Dazu kommt aber, dafs es meines Erachtens grundsätzlich falsch ist, ein prozessualisches Verfahren nach sogenannten Prinzipien zu konstruieren. Da ich mich mit diesem Satze in schroffen Widerspruch zu der herrschenden Richtung setze und ich im Laufe der Erörterung mehrfach auf diesen Punkt zurückkommen mufs, so gestatten Sie mir wohl, meine Auffassung hier mit einigen Worten zu begründen.

Über die Berechtigung und den Wert von «Prinzipien» im allgemeinen zu reden, ist hier nicht der Ort; wir haben uns hier darauf zu beschränken, inwieweit sie für ein gerichtliches Verfahren in Betracht kommen. Nun ist es für ein solches durchaus nützlich, wenn man sich über die leitenden Gesichtspunkte klar wird, die in ihm zu Tage treten; das fördert die wissenschaftliche Bearbeitung und gibt zugleich in der praktischen Handhabung ein Hilfsmittel zur Lösung auftauchender Zweifel. Aber diese leitenden Gesichtspunkte sollen aus dem Verfahren, nachdem es geordnet ist, entnommen, nicht vorher konstruiert und dem Verfahren zu Grunde gelegt werden. Das ist der alte Gegensatz zwischen deduktiver und induktiver Methode. Der von mir bekämpfte Standpunkt läuft, wie die Erfahrung lehrt, die grofse Gefahr, dafs die aufgestellten und im Laufe der Zeit mit einem gewissen Nimbus umkleideten Grundsätze nicht mehr das bleiben, was sie sein sollen, nämlich Zusammenfassungen der durch das Ziel eines gerechten Urteils gebotenen und an der Hand praktischer Erfahrung gewonnenen Zweckmäfsigkeitsgründe, sondern dafs sie einen Eigenwert erhalten, dafs sie Selbstzweck werden. Man stellt ein Prinzip auf und fragt, nachdem es eine gewisse Autorität erlangt hat, später bei der praktischen Handhabung nicht mehr, ob die daraus hergeleitete Forderung zweckmäfsig sei, sondern nur noch, ob sie dem Prinzip entspreche. Das ist falsch. Es gibt für das Recht und das zu seiner Verwirklichung bestimmte gerichtliche

Verfahren nur ein Prinzip, und das ist die Gerechtigkeit. Sie allein ist Selbstzweck; alles andere ist nur Mittel zum Zweck. Jede Mafsregel, die für das Strafverfahren empfohlen wird, soll ausschliefslich danach beurteilt werden, ob sie dazu nützt, den Schuldigen zu bestrafen und den Unschuldigen vor Verfolgung zu sichern: das ist die Aufgabe des Gesetzgebers. Die Wissenschaft mag dann versuchen, das so Geschaffene theoretisch zu verwerten, hat aber nicht das Recht, gewisse Prinzipien a priori festzulegen und von dem Gesetzgeber zu fordern, dafs er sie befolge.

Ich glaube, den von mir ausgesprochenen Grundgedanken auch in dem gestrigen Vorschlage des Herrn Prof. Seuffert finden zu dürfen, dafs man erst den besonderen Teil des Strafgesetzbuches bearbeiten und demnächst den allgemeinen gewissermafsen als Ergänzung behandeln solle, nicht aber umgekehrt. Ich würde mich freuen, in ihm einen Bundesgenossen für meinen Standpunkt zu begrüfsen.

Das Gesagte gilt auch von den grofsen Prinzipien des modernen Strafverfahrens: Öffentlichkeit, Mündlichkeit und Anklageform. Man sieht in ihnen mit Recht einen Fortschritt, weil sich unter ihrer Herrschaft die Forderungen der Gerechtigkeit besser verwirklichen lassen, als bei dem entgegengesetzten System, aber man darf sie nicht zu Götzen machen und aus ihnen Folgerungen herleiten, die für sich keine weitere Legitimation erbringen können, als die rein logische, dafs sie Konsequenzen jener Prinzipien sind. Das ist abgeleitete Wahrheit. Wir können nur Forderungen anerkennen, die primäre Wahrheit darstellen, d. h. die unmittelbar aus der Gerechtigkeit fliefsen.

Ganz anders steht es mit den übrigen oben erwähnten Vorwürfen gegen die bisherige Voruntersuchung. Sollten die Interessen der Verteidigung nicht ausreichend zur Geltung gelangen, so wäre das zweifellos ein schwerer Mangel, denn es würde bedeuten, dafs der Gefahr der Verurteilung eines Unschuldigen nicht soweit vorgebeugt wäre, wie es in menschlicher Macht liegt. Dauert aber das Verfahren länger, als nötig, oder ist das Eingreifen des Untersuchungsrichters erst in einem zu späten Stadium möglich, so läuft das darauf hinaus, dafs die Wahrheitsermittelung beeinträchtigt werde, denn bei den natürlichen Veränderungen, denen alle menschlichen Dinge bei längerem Zeitablaufe unterworfen sind, insbesondere bei der Abschwächung des Gedächtnisses der beteiligten Personen, ist die Wahrscheinlichkeit, dafs die Wahrheit ermittelt werde, um so gröfser, je rascher das Urteil gesprochen werden kann. Dazu kommt, dafs der Hauptzweck der Strafe, die Sühnung des Unrechts und die Stärkung des öffentlichen Gewissens, nur dann völlig zu seinem Rechte gelangt, wenn die Strafe der That so rasch wie möglich nachfolgt. —

Was die Reihenfolge in der Prüfung der gemachten Vorschläge betrifft, so scheint es logisch am richtigsten, zunächst zu erörtern, ob man die Voruntersuchung überhaupt beibehalten soll. Aber diese Logik ist nur scheinbar. Nicht allein ist der Begriff der Voruntersuchung und ihre Stellung zu dem vorbereitenden Verfahren keineswegs so zweifellos, dafs es nicht erforderlich wäre, sich zunächst hierüber zu verständigen, sondern vor allem ist doch auch die Entscheidung darüber, ob man die Voruntersuchung beibehalten soll, wesentlich dadurch bedingt, welche Form man ihr geben will und ob man dadurch im stande ist, ihre bisherigen Mängel mehr oder minder weitgehend abzustellen. Es scheint mir deshalb am richtigsten, diese Frage erst am Schlusse zu prüfen und zunächst zu erörtern, ob es geraten ist, die Grundsätze der Öffentlichkeit, Mündlichkeit und Anklageform auch auf die Voruntersuchung auszudehnen.

I. Öffentlichkeit.

Das englische Strafverfahren, das im wesentlichen auch in den Staaten der nordamerikanischen Union gilt, kennt keine verschiedene Behandlung des Vorverfahrens und des Hauptverfahrens: für beide gelten gleichmäfsig die Grundsätze der Öffentlichkeit, Mündlichkeit und Anklageform. Als man zu Anfang des vorigen Jahrhunderts in Frankreich begann, diesem Vorbilde zu folgen, glaubte man, sich zunächst auf das Hauptverfahren beschränken zu sollen und beliefs es hinsichtlich des Vorverfahrens bei dem alten System. Aber schon 1821 forderte Feuerbach die Beseitigung dieses Dualismus und insbesondere die sogenannte Parteienöffentlichkeit, d. h. die Anwesenheit der Staatsanwaltschaft und des Angeklagten bei allen Voruntersuchungshandlungen. Auch Mittermaier bekehrte sich 1845 zu derselben Auffassung, und nachdem der III. Deutsche Juristentag in Dresden 1861 den gleichen Standpunkt gebilligt hatte, trug der im preufsischen Justizministerium aufgestellte erste Entwurf einer deutschen Strafprozefsordnung der erhobenen Forderung im wesentlichen Rechnung. Der XI. Juristentag in Hannover 1873 ging sogar auf das Referat von Gneist noch einen Schritt weiter und forderte die volle Öffentlichkeit; Gneist selbst hat dann in seiner bekannten Schrift: «Vier Fragen zur deutschen Strafprozefsordnung» diesen Standpunkt eingehend begründet. Trotzdem wurde in dem dem Reichstage vorgelegten Entwurfe sowohl die volle, wie die blofse Parteienöffentlichkeit der Voruntersuchung abgelehnt. Die Begründung erkennt an, dafs die Öffentlichkeit wertvoll sei, um das Vertrauen der Bevölkerung zur Rechtspflege zu stärken, meint aber, dafs sie nur bei gleichzeitiger Aufnahme der Anklageform in die Voruntersuchung von Bedeutung sein könne.

In neuerer Zeit haben sich die Stimmen, welche mindestens die Parteienöffentlichkeit fordern, wesentlich vermehrt, und insbesondere haben sich auch hervorragende Praktiker dafür ausgesprochen.

Was meine eigene Stellung anbetrifft, so ist es mir unverständlich, wie man die Forderung einer blofsen Parteienöffentlichkeit vertreten kann. Entweder volle Öffentlichkeit oder gar keine. Das ist nicht etwa der Ausflufs eines radikalen Standpunktes, sondern das Ergebnis ganz nüchterner Erwägungen. Meines Erachtens liegt das einzige beachtenswerte Bedenken gegen die Öffentlichkeit der Voruntersuchung gerade in dem Umstande, dafs sie dem Angeklagten die Möglichkeit gewährt, den Zweck der Untersuchung zu vereiteln. Läfst man aber einmal den Angeklagten zugegen sein, so kann auch die volle Öffentlichkeit zugestanden werden, denn sie bringt dann nicht etwa noch weitere Nachteile, sondern gewährt umgekehrt Vorzüge, die geeignet sind, auch die durch die Anwesenheit des Angeklagten geschaffene Gefahr abzuschwächen. Es wird von Gneist mit Recht darauf hingewiesen, dafs die Teilnahme des Publikums bei der Ermittelung einer Strafthat höchst wertvolle Dienste leisten kann und dafs schon heute in Einzelfällen die Staatsanwaltschaft oder der Untersuchungsrichter diese Mithilfe anrufen, indem sie durch die Zeitungen auffordern, ihnen über einen bestimmten Punkt brauchbare Mitteilungen zu machen. Man darf in der That unbedenklich davon ausgehen, dafs die Bevölkerung, als Gesamtheit betrachtet, den Wunsch hat, den Schuldigen zu ermitteln. Das Gegenteil wünschen aufser dem Schuldigen selbst nur dessen Angehörige und Freunde, also Personen, die sofort von den Vorgängen in der Voruntersuchung Kenntnis erhalten, sobald der Angeklagte selbst sie besitzt, vorausgesetzt, dafs er sich auf freiem Fufse befindet. Man hat wohl auf die «Kriminalstudenten» hingewiesen, aber ihnen bietet die Voruntersuchung nichts, was ihnen nicht schon durch die Hauptverhandlung geboten wäre. Sobald man sie hier zuläfst, kann man es auch dort thun.

Aber ebenso, wie man auf die natürliche Neigung des Publikums zur Unterstützung der Untersuchung rechnen darf, mufs man auch zugeben, dafs dessen Beteiligung häufig im stande ist, wesentliehe Dienste zu leisten, insbesondere bei der Ermittelung und Verfolgung von Spuren, die sich der Kenntnis der Behörde entziehen. Wie häufig wird nicht schon heute eine fast schon als aussichtslos aufgegebene Untersuchung dadurch in ein ganz neues hoffnungsreiches Stadium gebracht, dafs ein Polizeibeamter von Erzählungen Kunde erhält, die sich im Publikum von Mund zu Mund fortpflanzen. Es liegt ja auch auf der Hand, dafs die den Verhältnissen nahe stehenden Personen, also die Ortsangehörigen, viel besser im stande sind, ein scheinbar unbedeutendes Verdachtsmoment in seiner Tragweite zu erkennen, als die Behörde. Erhalten also diese Personen durch die Öffentlichkeit der Voruntersuchung Kenntnis von deren Verlaufe, so wird es ihnen nicht selten gelingen, die zunächst noch fehlenden verbindenden Fäden, an denen die Thatsachen sich aufreihen lassen, zu finden und so völlige Klärung zu schaffen. Gerade lügnerische Ausflüchte des Schuldigen würden vor der Öffentlichkeit viel leichter entlarvt werden, als bisher, denn die den Verhältnissen nahe Stehenden können deren Unwahrheit viel leichter durchschauen, als die Behörde. Würde deshalb durch Berichterstattung der Zeitungen über den Verlauf einer Untersuchung das ganze Publikum in die Lage gesetzt, an derselben mitzuwirken, so würden damit Kräfte in den Dienst der Strafrechtspflege gestellt, die man bisher fast völlig unbenutzt gelassen hat und die einen Erfolg in Fällen versprechen, in denen die Behörde für sich allein machtlos ist.

Hiernach kann es sich bei der Zulassung der Öffentlichkeit nur um die Frage handeln, ob nicht ihre Vorzüge dadurch aufgewogen werden dafs dann auch der Angeklagte den Gang der Voruntersuchung erfährt und in stand gesetzt wird, sie ungünstig zu beeinflussen.

Nun leugne ich nicht, dafs ich bei der Beschäftigung mit der Frage lange Zeit nicht über dieses Bedenken hinwegkommen konnte und dafs die auch bei den Verhandlungen in Pest von den verschiedensten Seiten geltend gemachten Gesichtspunkte es mir als eine zu grofse Gefahr erscheinen liefsen, den Staatsanwalt gegenüber dem Angeklagten gewissermafsen zu einem Spiele mit offenen Karten zu zwingen. Wenn ich trotzdem zu einem Anhänger der Öffentlichkeit geworden bin, so darf ich jedenfalls behaupten, dafs ich dabei nicht einer vorgefafsten Meinung zum Opfer gefallen bin.

Ich glaube zunächst, dafs sich die Gefahren der Öffentlichkeit bei näherer Prüfung als nicht so grofs erweisen, wie es auf den ersten Blick scheint. Ich halte es ferner für möglich, sie noch weiter herabzumindern. Ich bin endlich der Ansicht, dafs es sich darum handelt, die Einführung der Öffentlichkeit als das geringere unter mehreren Übeln zu wählen. Alles das will ich kurz begründen.

Was die Tragweite der nicht zu bestreitenden Gefahr betrifft, so ist es nötig, im Auge zu behalten, dafs die Öffentlichkeit nur für die Voruntersuchung gefordert wird, nicht aber für das vorbereitende Verfahren. Die Forderung, auch dieses öffentlich zu machen, wie es in einzelnen Staaten von Nordamerika geschehen ist, wird bei uns kaum vertreten und ist jedenfalls abzulehnen. Sehen wir ganz ab von den sehr grofsen praktischen Schwierigkeiten, so ist auch nicht abzusehen, wie man sie theoretisch begründen wollte. Wie der Verbrecher nicht allein die That selbst, sondern ebenso auch die von ihm unternommenen Schritte, der Verfolgung zu entgehen, möglichst der Öffentlichkeit zu entziehen sucht, so ist es nur naturgemäfs, dafs die zur Wahrung des entgegengesetzten Interesses geschaffenen Behörden, also Polizei und Staatsanwalt, den gleichen Weg betreten. Minen und Gegenminen, List gegen List, Heimlichkeit gegen Heimlichkeit: ganz wie im Kriege.

Also einen gewissen festen Boden hat die Anklageseite schon gewonnen, wenn die Voruntersuchung eingeleitet wird. Nun wird trotzdem nicht ohne Grund gefürchtet, dafs ein geriebener Verbrecher die Entdeckung seiner That wesentlich erschweren kann, wenn er die gegen ihn gerichteten Schritte kennt. Aber ist dies nicht schon heute der Fall? Ganz derselbe Grund wurde auch gegen die Öffentlichkeit des Hauptverfahrens geltend gemacht, und in der That ist es leider fast in jeder Strafsitzung zu beobachten, dafs der Angeklagte den Versuch macht oder aufsergerichtlich gemacht hat, auf Zeugen einzuwirken, erdichtete Alibibeweise zu erbringen oder durch ein sonstiges Lügengewebe das Gericht zu täuschen. Das Gesetz hat sich schon heute entschliefsen müssen, die Angeklagten in zwei Klassen zu teilen und dieselben ganz verschieden zu behandeln. Ich glaube, diese beiden Klassen am besten bezeichnen zu können als die loyalen und die illoyalen Angeklagten. Zu den ersteren gehören diejenigen Angeklagten, die nur das thun, was gewissermafsen ihr gutes Recht ist, nämlich zu leugnen, auch wenn dies im Bewufstsein der Schuld geschieht. Illoyal dagegen handelt der Angeklagte, wenn er versucht, Beweismittel zu zerstören oder sich falsche Zeugen zu verschaffen. Es liegt hier ähnlich, wie bei dem Widerstande gegen die Staatsgewalt: der passive Widerstand ist erlaubt; nur der aktive ist strafbar. Das Gesetz behandelt nun die loyalen und die illoyalen Angeklagten insofern verschieden, als es nur den ersteren die dem normalen Verfahren entsprechende Rechtsstellung zugesteht, dagegen bei illoyalem Benehmen eine Rechtsminderung eintreten läfst. Das Gesetz gestattet in solchen Fällen zunächst, den Angeklagten von der Anwesenheit bei den Beweiserhebungen auszuschliefsen. Genügt dies aber nicht, so kann sogar die Verhaftung angeordnet werden. Macht man die Voruntersuchung öffentlich, so wird es nicht allein dem Untersuchungsrichter unbenommen bleiben müssen, davon für einzelne Teile Ausnahmen anzuordnen, sondern es wird auch die Kollusionshaft in weiterem Umfange als bisher angeordnet werden müssen, um illoyalen Eingriffen des

Angeklagten entgegenzuwirken. Die Erfahrungen in England und Frankreich beweisen dies, denn in beiden Ländern wird von der Verhaftung des Angeklagten erheblich häufiger Gebrauch gemacht, als bei uns.

Übrigens thut man gut, sich vor Augen zu halten, dafs, wie schon bemerkt, dieselben Bedenken, die jetzt gegen die Öffentlichkeit der Voruntersuchung erhoben werden, früher fast mit denselben Worten gegen die Öffentlichkeit des Hauptverfahrens geltend gemacht sind und sich trotzdem als nicht begründet erwiesen haben. Es geht eben bei der Öffentlichkeit wie so vielfach im Leben: sie trägt die Korrektur der mit ihr verknüpften Gefahren in sich selbst. Es klingt sehr einleuchtend, wenn man sagt, der Angeklagte werde in die Lage gesetzt, den mühsam zu stande gebrachten Überführungsbeweis durch seine unredlichen Mittel zu zerstören. Es wird aber sehr richtig in der Litteratur über unsre Frage darauf hingewiesen, dafs der erste Rat, den ein Verteidiger seinem Klienten gebe, dahin gehe, Beeinflussungen der Zeugen zu vermeiden. Dieser Rat entspringt auch nicht etwa in erster Linie dem Rechtlichkeitssinne des Verteidigers, sondern vor allem seiner durch praktische Erfahrung erlangten Erkenntnis, dafs eine illoyale Art der Verteidigung für den Angeklagten ein sehr gefährliches Mittel ist. Wie oft hat sich schon ein Angeklagter, der sonst kaum hätte überführt werden können, in seinen eigenen Schlingen gefangen! In der That: läfst er sich bei seiner Verteidigung auf einem faulen Pferde ertappen, wird er in Widersprüche verwickelt oder kann ihm gar nachgewiesen werden, dafs er Zeugen zu beeinflussen versucht hat, so pflegt das Gericht mit Recht auf sonst nicht sehr starke Verdachtsgründe hin die Verurteilung auszusprechen. Gewährt nun aber, wie oben ausgeführt, die Kenntnis des Publikums von dem Fortgange der Untersuchung ein nicht zu unterschätzendes Mittel zur Klärung der Sache, so gilt dies in besonders hohem Mafse gegenüber Kollusionsversuchen des Angeklagten. Mancher Zeuge, der von solchen dem Staatsanwalt keine Anzeige erstattet, macht doch kein Hehl daraus im Kreise seiner Bekannten, die darüber weitersprechen. Ist nun durch die öffentlich geführte Untersuchung die Anteilnahme der Bevölkerung gesteigert, so ist es durchaus naheliegend, dafs sich aus dem

Kreise der Mitwissenden jemand findet, der seine Kenntnis der Behörde mitteilt und dafs so der andernfalls unentdeckt gebliebene Kollusionsversuch die selbstgegrabene Grube wird, in die der Schuldige hineinstürzt.

Aber sollten trotz aller dieser Gegengründe die Bedenken gegen die Öffentlichkeit der Voruntersuchung noch zu grofs erscheinen, so mufs ich, wie schon erwähnt, behaupten, dafs sie das kleinere von zwei Übeln ist, zwischen denen uns nur zu wählen bleibt. Das zweite Übel, das ich im Auge habe, ist nämlich die Berufung. Vielleicht erscheint Ihnen diese Gegenüberstellung überraschend, denn meines Wissens ist auf den Zusammenhang der Berufung mit der Voruntersuchung bis jetzt nur vereinzelt hingewiesen, aber trotzdem ist ein solcher Zusammenhang vorhanden.

Wenn die Einführung der Berufung trotz der fast einstimmigen Ablehnung seitens der Theorie und ihrer zweifellos schwerwiegenden Einwendungen heutzutage eine fast allgemeine Forderung geworden ist und insbesondere auch unter den Praktikern immer mehr Beifall findet, so liegt das nach meiner Beobachtung an einem Punkte, der auch mich seit Jahren ebenfalls zum Anhänger der Berufung gemacht hat. Unter den Mängeln des Verfahrens erster Instanz gibt es nämlich einen, den zu beseitigen alle bisherigen Vorschläge nicht ausreichten und der deshalb eine zweite Instanz notwendig zu erfordern scheint. Dieser Mangel besteht in dem Umstande, dafs der Angeklagte im wesentlichen erst in der Hauptverhandlung von dem gegen ihn ins Feld geführten Belastungsmateriale Kenntnis erhält. Allerdings erfährt er aus der Anklage nicht allein die Namen der Zeugen, sondern es sollen auch «die wesentlichen Ergebnisse der stattgehabten Ermittelungen» in dieselbe aufgenommen werden, aber es ist eben etwas völlig andres, ob diese Ergebnisse von der Staatsanwaltschaft zusammengestellt werden oder ob die Zeugen ihre Aussagen selbst vortragen. Die Erfahrung wenigstens beweist, dafs in zahlreichen Fällen der Angeklagte erst in der Hauptverhandlung volles Verständnis über die Tragweite und die Einzelheiten der gegen ihn erhobenen Beschuldigung erhält und dafs er nicht im stande ist, sich gegen dieselbe ausreichend zu verteidigen. Auch das vom Gesetze gewährte Hilfsmittel, die Verhandlung zu vertagen, hat sich nicht als genügend erwiesen, und in der That wird häufig der Angeklagte nicht im stande sein, diejenigen Gründe, die eine ungenügende Vorbereitung für ihn bedingen, dem Gerichte einleuchtend zu machen.

Besteht aber, wie ich auszuführen versuchte, der Hauptmangel des bisherigen Verfahrens darin, dafs der Angeklagte erst in der Hauptverhandlung von dem Belastungsmateriale Kenntnis erhält, so bieten sich als Abhilfe offenbar zwei Wege: entweder mufs man eine Wiederholung der Hauptverhandlung in einer zweiten Instanz gestatten, oder man mufs schon vor der Hauptverhandlung dem Angeklagten das gesamte Material vorführen.

In Pest hat Herr Dr. Aschrott gegen den Vorschlag, das Vorverfahren öffentlich und kontradiktorisch zu gestalten, den Einwand erhoben, wer das thue, handle wie ein schlechter Dramaturg, der ein Stück, das an sich nur einen Akt fülle, in zwei Akte zerlege: dadurch werde das Interesse des Publikums abgeschwächt. Ich meinerseits verwende diese Parallele mit einer Theateraufführung durchaus im entgegengesetzten Sinne. Jawohl, wenn es sich bei einer Gerichtsverhandlung um Erzielung eines Bühnenerfolges handelte, möchte der Einwand von Aschrott zutreffen; wenn es sich aber nicht um einen solchen, sondern um möglichstes Verständnis des Stoffes handelt, liegt die Sache durchaus anders. Will ich ein Theaterstück völlig verstehen, so werde ich zwei Aufführungen nacheinander beiwohnen; mufs ich aber als Kritiker schon nach der ersten mit meinem Urteile fertig sein, so kann ich den gleichen Zweck auch erreichen, wenn mir die Anwesenheit in der Generalprobe gestattet wird. Eins von beiden aber ist erforderlich, soll mir nicht manches entgehen und dadurch die Gefahr begründet werden, dafs mein Urteil unrichtig ausfällt.

In der That ist die Generalprobe ein vorzüglicher Ausdruck für die Stellung, die ich der Voruntersuchung angewiesen zu sehen wünsche. In ihr soll möglichst vollständig das ganze Belastungsmaterial der Hauptverhandlung dem Angeklagten vorgeführt werden, um ihn in die Lage zu setzen, seine Verteidigung vorzubereiten.

Nun ist eine wirkliche Generalprobe eigentlich nur in dem

von Aschrott geforderten kontradiktorischen Verfahren vor der Anklagekammer zu finden, sofern man dort auch die Vernehmung der Zeugen vor sich gehen läfst. Ich werde auf diesen Vorschlag an andrer Stelle noch zurückkommen; sollte er aber abzulehnen sein, so läfst sich annähernd dasselbe auch dadurch erzielen, dafs der Angeklagte in den einzelnen Untersuchungsterminen zugegen ist, denn diese zusammengenommen bieten ebenfalls das gesamte Material.

Ich bin, wie gesagt, seit einigen Jahren aus dem angegebenen Grunde zu einem Anhänger der Berufung geworden; kann ich aber den verfolgten Zweck, wie gezeigt, auch durch die Öffentlichkeit der Voruntersuchung erreichen, so glaube ich, dem aus mehreren Gründen den Vorzug geben zu müssen. Vor allem wegen der Zeitersparnis. Da die öffentliche Voruntersuchung nicht mehr Zeit erfordert, als die geheime, — darauf, wie sie sich umgekehrt wesentlich beschleunigen läfst, werde ich später kommen, — so kann nach ihrem Abschlufse sofort das endgültige Urteil gesprochen werden, während die Berufungsinstanz meist mehrere Monate in Anspruch nimmt. Dieser Zeitverlust bedeutet aber bekanntlich zugleich eine Verschlechterung der Urteilsgrundlagen. Endlich geht natürlich Generalprobe und Aufführung vor demselben Gerichte vor sich, wenngleich in andrer Besetzung, während man sich bekanntlich hinsichtlich der Berufung für die Verweisung an die Oberlandesgerichte entschieden hat, womit eine wesentliche Erschwerung und Verteuerung des Verfahrens verknüpft ist.

II. Mündlichkeit.

Unter den Vorzügen des modernen Strafprozesses gegenüber dem alten ist der weitaus wichtigste die Mündlichkeit oder richtiger Unmittelbarkeit des Verfahrens. Während der Wert der Öffentlichkeit mehr in der Idee liegt, nämlich darin, dafs die Bevölkerung das Bewufstsein hat, es könne bei den Verhandlungen jeder zugegen sein, ist der Vorteil der Mündlichkeit von durchaus praktischer Bedeutung. Früher bildete die Grundlage des Urteils für den erkennenden Richter nicht die wirkliche Welt, sondern ihr mehr oder minder mangelhaftes Abbild, nicht die Darstellung der Thatsachen durch den Angeklagten und die Zeugen, sondern deren durch das

Medium der Auffassung des Untersuchungsrichters hindurchgegangene schriftliche Formulierung. Jetzt sieht und hört das Gericht selbst und kann sich über die Persönlichkeit des Angeklagten und der Zeugen und deren Glaubwürdigkeit ein eignes Urteil bilden.

Aber in der schriftlichen Voruntersuchung ist doch noch ein grofser Rest der früheren Mängel zurückgeblieben. Allerdings berühren dieselben nicht mehr in erster Linie den erkennenden Richter, denn für ihn ist ja eigentlich die Voruntersuchung nicht bestimmt; wohl aber machen sie sich geltend zum Nachteile der Personen, die auf die Voruntersuchung als Quelle ihrer Erkenntnis angewiesen sind, nämlich einerseits des Staatsanwalts beziehungsweise des Verteidigers und anderseits der Anklagekammer. Sie sollen sich ein vorläufiges Urteil über Schuld oder Unschuld des Angeklagten bilden und haben dabei nur das oben bezeichnete traurige Surrogat der Wirklichkeit. Es ist deshalb auch in der Praxis nicht selten, dafs der Staatsanwalt oder der Referent sich mündlich mit dem Untersuchungsrichter in Verbindung setzt und sich über einzelne Punkte, insbesondere über den Eindruck, den der Angeklagte oder die Hauptzeugen auf ihn gemacht haben, Auskunft geben läfst. Das geschieht extra acta und ist formell zu beanstanden; praktisch ist es gewifs zweckmäfsig, aber dafs es das ist, beweist gerade den Fehler des gesetzlichen Verfahrens.

Aber dieser Fehler hat eine noch gröfsere Tragweite. In § 188 St.P.O. ist vorgeschrieben, dafs die Voruntersuchung nicht weiter ausgedehnt werden soll, als erforderlich ist, um eine Entscheidung darüber zu begründen, ob das Hauptverfahren zu eröffnen oder der Angeklagte aufser Verfolgung zu setzen sei. In der Praxis wird dies, soweit mir bekannt, nirgends befolgt, und da ich die gleiche Bemerkung bei mehreren Schriftstellern finde, so darf ich annehmen, dafs die von mir beobachtete Praxis ziemlich allgemein ist. Nach ihr betrachtet es der Untersuchungsrichter als seine Aufgabe, die Untersuchung genau so weit auszudehnen, wie dies im alten schriftlichen Prozesse geschah, nämlich bis zu dem Punkte, wo die Entscheidung über Schuld oder Unschuld möglich ist. Kein Beweismittel bleibt unbenutzt; jeder Zeuge, von dem anzunehmen ist, dafs er etwas Sachdienliches bekunden könne, wird vorgeladen und vernommen: erst dann sieht der Untersuchungsrichter seine Aufgabe als erfüllt an. Dadurch aber wird nicht allein die Dauer des Verfahrens ungemein verzögert, sondern es wird auch ein Einflufs auf die Hauptverhandlung geübt, der durchaus dem Willen des Gesetzes widerspricht. Jeder Praktiker weifs, welche verhängnisvolle Rolle die Untersuchungsakten im Verhandlungstermine spielen. Der Vorsitzende hat sich aus ihnen durch mühsames Studium jeder einzelnen Aussage ein Bild der Sache gemacht und glaubt, nun auf alles vorbereitet zu sein. Alle Widersprüche des Angeklagten und der Zeugen, alle Versuche, die Wahrheit zu verschleiern, sie liegen vor ihm ausgebreitet, wie eine sonnenbeschienene Landschaft; er hat sie im Kopfe und will schon dafür sorgen, dafs sie zu schanden werden. Aber nun kommt die Sache anders: ein Zeuge sagt plötzlich nicht so aus, wie das Protokoll ergibt. Das ist gegen die Ordnung; das läfst auf eine Beeinflussung schliefsen. Sofort wird mit den Strafen des Meineides gedroht und die Protokollierung angeordnet, und die erregten Gemüter besänftigen sich erst dann, wenn der Zeuge auf nachdrücklichen Vorhalt, ob er denn in der Voruntersuchung Unrichtiges bekundet habe, erklärt, nein, damals habe er jedenfalls die Wahrheit gesagt, und an ihr wolle er auch heute festhalten.

Es ist unzweifelhaft, dafs eine solche Benutzung der Untersuchungsakten, bei der das Hauptverfahren zu einer blofsen mündlichen Schlufsverhandlung als Anhang an ein schriftliches Beweisverfahren herabgesetzt wird, der Absicht des Gesetzes zuwiderläuft, aber ebensowenig kann ein Zweifel darüber bestehen, dafs man es nicht aus der Welt schaffen wird, solange eine schriftliche Voruntersuchung besteht. Es geht einfach über menschliche Kraft, die schönen Akten, in denen so unendliche Arbeit steckt, dafs das einfache Durchlesen viele Stunden erfordert, nachträglich ganz zu ignorieren und sich vorurteilsfrei dem Eindrucke der mündlichen Verhandlung hinzugeben.

Da hilft nur ein radikales Mittel, nämlich Ausschliefsung der Protokollierung, d. h. mündliche Voruntersuchung. Findet eine Protokollierung der Zeugenaussagen entweder überhaupt nicht statt, wie in der Hauptverhandlung der Strafkammern, oder, was sich empfehlen dürfte, nur in dem Umfange, wie es heute in den schöffengerichtlichen Verhandlungen geschieht, d. h. besteht der Zweck der Vernehmung nur darin, ersehen zu lassen, ob der Zeuge Sachdienliches zu bekunden habe und deshalb zur Hauptverhandlung zu laden sei, so ist die geschilderte mifsbräuchliche Benutzung der Akten ausgeschlossen.

Prüfen wir deshalb, ob gegen den gemachten Vorschlag Bedenken zu erheben sind.

Ein solches ergibt sich in der That schon aus dem bisher Gesagten.

Gerade deshalb, weil heute nicht selten in der Hauptverhandlung auf die Untersuchungsakten zurückgegriffen werden mufs, da Zeugen erklären, sich der Sache nicht mehr ausreichend zu erinnern, scheint es bedenklich zu machen, auf solche Akten ganz zu verzichten. Ebenso kommt mit der Beseitigung der ausführlichen Protokollierung die Möglichkeit in Wegfall, den Zeugen bei der Hauptverhandlung aus ihrer früheren Aussage Vorhalte zu machen. Aber es mufs dahin gestellt bleiben, ob hierin ein Mangel oder ein Vorzug zu sehen ist. Weicht die mündliche Aussage von der schriftlichen ab, so spricht mindestens für die Richtigkeit der letzteren keine Vermutung, es ist vielmehr sehr wohl möglich, dafs die mündliche Darstellung die richtigere ist. Die Anwesenheit des Publikums und des Angeklagten kann auf den Zeugen störend wirken, im allgemeinen aber wird man annehmen dürfen, dafs er vor der Öffentlichkeit sich mehr scheut, eine unwahre Aussage zu machen, als unter vier Augen gegenüber dem Untersuchungsrichter. Bedenklich könnte deshalb der Verzicht auf ausführliche Protokollierung nur da werden, wo ein Zeuge in der Hauptverhandlung erklärt, sich einer Thatsche nicht mehr zu erinnern, die er in der Voruntersuchung noch gewufst hat. Aber dafs die Benutzung der Akten häufig zu dem angegebenen Zwecke nötig wird, beruht ja gerade darauf, dafs die Voruntersuchung zu lange gedauert hat und deshalb die Erinnerung der Zeugen getrübt ist. Wird also diese Voraussetzung beseitigt, so ist auch jenes Bedenken gehoben. Und in der That liegt gerade hierin ein Hauptvorzug der Mündlichkeit. Jeder Praktiker weifs, dafs von der Zeit, die eine Zeugenvernehmung in Anspruch nimmt, mindestens $^3/_4$ auf die Protokollierung entfallen. Vollzöge sich die Vernehmung wie bei der Hauptverhandlung, sodafs also der Gerichtsschreiber lediglich kurze Notizen machte, durch welche die Vernehmung nicht aufgehalten wird, so würde der Untersuchungsrichter in derselben Zeit mindestens die vierfache Zahl von Zeugen vernehmen und deshalb eine Untersuchung wesentlich rascher zu Ende führen können.

Ein zweites Bedenken ist allerdings ernsterer Art, und in der That läfst sich die Öffentlichkeit der Voruntersuchung nicht durchführen, ohne eine Einrichtung unseres bisherigen Verfahrens zu beseitigen, die mit ihr unvereinbar ist, nämlich den Beschlufs über die Eröffnung des Hauptverfahrens. Ich wies schon darauf hin, dafs die heutige Voruntersuchung im Gegensatze zu der alten Inquisition grundsätzlich nicht mehr die Aufklärung des erkennenden Richters bezweckt, sondern nur noch dem doppelten Zwecke dient, einerseits dem Staatsanwalt bezw. dem Verteidiger Kenntnis des Thatsachenmaterials zu verschaffen und anderseits die Entscheidung über die Eröffnung des Hauptverfahrens zu ermöglichen. Für den ersteren Zweck ist die Mündlichkeit der Voruntersuchung unbedenklich, wenn gleichzeitig die Öffentlichkeit eingeführt wird, d. h. wenn Staatsanwalt und Verteidiger bei den Beweiserhebungen zugegen sind. Dagegen kann die Anklagekammer keinen Beschlufs über die Eröffnung des Hauptverfahrens fassen, wenn ihr keine ausführlichen Protokolle, sondern nur kurze Notizen vorliegen. Also der bisherige Eröffnungsbeschlufs ist mit der Mündlichkeit der Voruntersuchung unvereinbar.

Aber es wird uns keine grofse Überwindung kosten, denselben fallen zu lassen, wie es ja in Österreich schon geschehen ist, denn ich habe in der Litteratur ganz überwiegend dieselbe Ansicht gefunden, die ich meinerseits an der Hand praktischer Erfahrung mit voller Überzeugung vertrete, dafs der ganze Eröffnungsbeschlufs, wie er heute besteht, nichts ist als eine inhaltlose Formalität, bei der von einem Schutze des Angeklagten keine Rede sein kann. Es klingt ja recht schön, wenn es heifst, die Versetzung in Anklagezustand sei schon ein so schweres Übel für den Angeklagten, dafs dasselbe nicht anders, als durch Beschlufs eines Richterkollegiums verhängt werden dürfe. Aber wie gestaltet sich die Sache in der Praxis? Soweit ich diese kenne — und da ich die gleiche Beobachtung übereinstimmend in der Litteratur vertreten finde, darf ich annehmen, dafs die Verhältnisse fast überall ziemlich die gleichen sind — wird von dem bestellten Referenten dem Kollegium nur dann Vortrag gehalten, wenn er die Eröffnung des Verfahrens bedenklich findet; andernfalls setzen die beiden andern Richter ohne weitere Prüfung ihre Namen neben denjenigen des Referenten. Ob dieser seinerseits die Akten gründlich studiert, hängt natürlich von seiner Persönlichkeit und insbesondere dem gröfseren oder geringeren Grade von Gewissenhaftigkeit und Sorgfalt ab. Berücksichtige ich aber, dafs gar nicht selten einfache Schreibfehler und sonstige offenbare Unrichtigkeiten der Anklage in den Eröffnungsbeschlufs, der ja regelmäfsig schon in der Gerichtsschreiberei nach Mafsgabe der Anklageschrift aufgesetzt ist, übergehen, ohne bemerkt zu werden, so mufs ich daraus schliefsen, dafs auch die Prüfung des Referenten nicht immer auf der vollen Höhe steht. Ja, wenn wir uns vor Augen halten, dafs der Referent bekanntlich bei der Hauptverhandlung nicht mitwirken darf, dafs er also das mühevolle und zeitraubende Studium dicker Akten ausschliefslich vornimmt, um einen Beschlufs zu fassen, der in mindestens 95 % aller Fälle zustimmend ausfallen mufs, so dürfen wir eine gewisse Oberflächlichkeit bei diesem Studium nicht einmal besonders hart beurteilen. Nimmt aber der Referent seine Aufgabe streng und empfiehlt er bei ungenügendem Belastungsmaterial die Ablehnung der Eröffnung, so wird er regelmäfsig überstimmt, indem man geltend macht, man dürfe dem Hauptverfahren nicht vorgreifen, auch wohl darauf hinweist, dafs die Ablehnung keinen Zweck habe, da im Beschwerdewege doch regelmäfsig die Eröffnung mit der angegebenen Begründung angeordnet werde. Aus denselben Erwägungen pflegen ja auch die von den Angeklagten nach § 199 St.P.O. gestellten Anträge keinen Erfolg zu haben.

Mufs ich hiernach den jetzigen Eröffnungsbeschlufs einfach für eine Farce erklären, und ist auch in der mehrfach geforderten Zulassung einer Beschwerde gegen denselben eine durchgreifende Abhilfe nicht zu sehen, so kann es sich nur darum handeln, denselben entweder von Grund aus zu reformieren oder ganz zu beseitigen. Das erstere wird angestrebt durch den schon von mir berührten Vorschlag, das Eröffnungsverfahren kontradiktorisch zu gestalten. Aber dieser Weg, den ich selbst früher empfohlen habe, bietet doch sehr erhebliche Schwierigkeiten. Beschränkt man sich auf eine blofse mündliche Anhörung der Staatsanwaltschaft und des Angeklagten, so wird dadurch, wie schon in Pest zutreffend hervorgehoben wurde, herzlich wenig erreicht, denn die Anklagekammer hat dann ja kein anderes Material als bisher und wird den Ausführungen des Angeklagten denselben Einwand entgegenhalten, den ich schon erwähnte, dafs die Prüfung dem erkennenden Gerichte vorbehalten bleiben müsse. Eine Bedeutung hat also eine kontradiktorische Verhandlung erst dann, wenn bei derselben die Beweise soweit vorgeführt werden, dafs die Anklagekammer sich ein eigenes Urteil bilden kann. Dann haben wir in der That eine wirkliche Generalprobe, und allein dieser Vorschlag bietet eine Abhilfe der bisher empfundenen Mängel. Aber gegen ihn erheben sich, wie gesagt, auch sehr erhebliche Bedenken, vor allem finanzieller Art. Sind die Kosten der doppelten Zeugenvernehmungen schon gegen die Berufung geltend gemacht, so ist doch zu berücksichtigen, dafs von allen zur Verhandlung kommenden Sachen vielleicht $^1/_4$—$^1/_3$ in die Berufungsinstanz gelangen, dafs also die doppelten Vernehmungen nur in einer Minderzahl von Fällen erforderlich werden, während nach dem hier in Rede stehenden Vorschlage dies ausnahmslos in allen Sachen geschehen müfste. Eine Vermehrung der Vernehmungen ist aber auch abgesehen von der Geldfrage aus andern später zu erörternden Gründen nicht erwünscht.

Ich stelle deshalb dem Vorschlage des kontradiktorischen Eröffnungsverfahrens vor der Anklagekammer den andern entgegen, die Entscheidung über die Eröffnung des Hauptverfahrens dem Untersuchungsrichter zu übertragen. Allerdings soll auch er die Entscheidung erst nach Anhörung des Staatsanwaltes und des Angeklagten sowie seines Verteidigers treffen, aber da diese Personen ja schon bei den einzelnen Akten des Beweisverfahrens zugegen gewesen sind, so bedarf es nicht der Wiederholung der Zeugenvernehmungen, vielmehr gestaltet sich die Anhörung der Beteiligten lediglich zu einer Schlufsverhandlung, die nur geringe Zeit beansprucht und Kosten überhaupt nicht verursacht. Das einzige Bedenken, das man vielleicht erheben könnte, würde darauf zu begründen sein, dafs der Untersuchungsrichter nicht dasselbe Mafs von Unbefangenheit besitze, wie die Anklagekammer. Aber dem ist entgegenzuhalten, dafs diese gröfsere Unbefangenheit der Anklagekammer erkauft wird durch wesentlich geringere Sachkenntnis. Der Untersuchungsrichter kennt das ganze Thatsachenmaterial wie kein anderer; wollte man vor der Anklagekammer wirklich die Zeugen vernehmen — wobei man aber immer nur an die wichtigsten und an eine oberflächliche Vernehmung (prima facie - Beweis) denkt —, so kann das noch nicht dieselbe Sachkenntnis begründen, wie die innere Verarbeitung durch den Untersuchungsrichter. Bedenkt man endlich, dafs die zu treffende Entscheidung ja nicht eine endgültige ist, sondern nur dahin geht, das Hauptverfahren zu eröffnen oder den Angeklagten aufser Verfolgung zu setzen, so scheint es mir in der That, dafs die Entscheidung durch den Untersuchungsrichter vor derjenigen durch die Anklagekammer weitaus den Vorzug verdient.

Gegen seine Entscheidung eine Beschwerde zu geben, wie es an sich erwünscht ist, stöfst freilich insofern auf Schwierigkeiten, als bei dem Mangel ausführlicher Protokolle eine Nachprüfung erschwert ist. Mir scheint jedoch dieses Bedenken nicht ausreichend, um die grofsen Vorteile aufzuwägen. Entscheidet sich der Untersuchungsrichter dafür, den Angeklagten aufser Verfolgung zu setzen, so wird in der That eine Verurteilung so völlig aussichtslos sein, dafs man von einer Schädigung des Strafverfolgungsinteresses nicht wohl sprechen kann. Beschliefst umgekehrt der Untersuchungsrichter die Eröffnung des Hauptverfahrens, so wird von einer Unbilligkeit gegen den Angeklagten, da ja die mafsgebende Entscheidung über Schuld oder Unschuld dadurch nicht getroffen wird, um so weniger die Rede sein können, als ihm auch heute gegen den Eröffnungsbeschlufs kein Rechtsmittel zusteht. Alles Gesagte bezieht sich natürlich nur auf den Fall, dafs die Entscheidung des Untersuchungsrichters sich lediglich auf thatsächliche Erwägungen stützt; bilden Rechtsanschauungen den Gegenstand des Angriffes, so steht einer Nachprüfung nichts im Wege.

Wenn ich im vorstehenden die Protokollierung in der Voruntersuchung nur auf kurze Notizen beschränkt wissen wollte, so habe ich dabei natürlich nur die Beweise im Auge gehabt, die in der Hauptverhandlung aufgenommen werden können. Soweit dies nicht der Fall ist, insbesondere der Verlust von Beweismitteln zu befürchten ist, mufs selbstverständlich die ausführliche Protokollierung erfolgen, aber das fällt nicht in das Gebiet unserer Frage, denn in solchen Fällen handelt es sich um antizipierte Teile des Hauptverfahrens.

Führt die im vorstehenden empfohlene Gestaltung der Voruntersuchung zu einer wesentlichen Abkürzung des Verfahrens, so müssen wir allerdings aus dem hinsichtlich des Ersatzes der Berufung Gesagten zwei Forderungen herleiten, die diesen Vorteil der Ersparnis zu einem Teile wieder beseitigen. Wollen wir, um eine Berufungsinstanz zu vermeiden, der Hauptverhandlung eine Art Generalprobe vorangehen lassen, d. h. wollen wir verhindern, dafs der Angeklagte ungenügend vorbereitet an die Aufgabe seiner Verteidigung herantritt, so müssen wir dafür sorgen, dafs grundsätzlich jede ihn belastende Aussage schon in der Voruntersuchung gemacht werde, und da der Staatsanwalt hinsichtlich der Entlastungsbeweise den gleichen Anspruch erheben kann, so würde vorzuschreiben sein, dafs in der Regel alle in der Hauptverhandlung zu benutzenden Beweismittel bereits in der Voruntersuchung zu prüfen sind und dafs ein neues Vorbringen dieser Art in der Hauptverhandlung dem Gegner das Recht auf Vertagung gibt, sofern nicht das Gericht die Überzeugung gewinnt, dafs dadurch keine Beeinträchtigung der Verteidigung herbeigeführt werde. Nun würde aber eine Vorschrift des zuletzt erwähnten Inhaltes praktisch betrachtet eine Änderung kaum bedeuten, da ja, wie oben ausgeführt, thatsächlich auch jetzt schon dasselbe geschieht, indem alle Zeugen schon in der Voruntersuchung vernommen werden. Es handelt sich also um eine Änderung nicht gegenüber dem Verfahren, wie es heute thatsächlich besteht, sondern nur gegenüber einer lediglich beabsichtigten aber nicht verwirklichten Einrichtung des Gesetzes.

Eine wirkliche Arbeitsvermehrung dagegen würde die zweite Forderung bedeuten, die wir nach dem Gesagten erheben müfsten, nämlich dafs in allen nicht ganz einfachen Sachen der Hauptverhandlung eine Voruntersuchung voranzugehen habe. Dieser Vermehrung von Arbeit des Untersuchungsrichters steht aber eine Verminderung derselben auf seiten des Staatsanwalts und des Amtsrichters gegenüber, und diese Verminderung ist jener Vermehrung mindestens gleichwertig. Aber dazu kommt noch eine sehr erhebliche Entlastung der Hauptverhandlung, denn da künftig die Voruntersuchung schon ergeben hat, welche Zeugen Sachdienliches auszusagen vermögen, so wird keine Veranlassung vorliegen, Zeugen, bei denen dies nicht zutrifft, zur Hauptverhandlung zu laden; da man aber nach meiner Erfahrung behaupten kann, dafs mindestens die Hälfte aller zur Hauptverhandlung geladenen Zeugen sich als wertlos erweist, so würde durch deren Beseitigung ein Vorteil geschaffen werden, der um so schwerer wiegt, als die verlorene Zeit in der Hauptverhandlung nicht, wie in der Voruntersuchung einem, sondern fünf Richtern verloren geht. Auch die jetzt nicht seltenen Vertagungen würden vermieden.

Gegen meine Vorschläge ist mir von Staatsanwälten, mit denen ich über dieselben sprach, der Einwand gemacht, dafs es zu einer Überlastung der Staatsanwaltschaft führen würde, wenn man die Anwesenheit derselben bei allen Handlungen der Voruntersuchung verlangen wollte. Ich kann darauf an dieser Stelle nur erwidern, dafs die hiernach vielleicht erforderliche Mehranstellung von Staatsanwälten mehr als ausgeglichen werden würde durch die Ersparnis von Untersuchungsrichtern, wobei auch noch die Verminderung der Thätigkeit der Gerichtsschreiber in Betracht kommt, ganz zu schweigen von der dadurch entbehrlich gemachten Einführung der Berufung mit ihrem Verbrauche von Beamten aller Art. Aber ich werde später zeigen, wie es möglich sein wird, auch die stärkere Heranziehung der Staatsanwälte zu der Voruntersuchung zu vermeiden, sodafs die angedeuteten Ersparnisse voll und ungeschmälert in Rechnung gestellt werden dürfen. Diese Erörterung glaube ich aber, da sie den Zusammenhang allzu sehr unterbrechen würde, an eine andere Stelle verschieben zu sollen.

Dagegen will ich hier noch auf einen anderen Mangel unseres bisherigen Verfahrens hinweisen, auf den ich von einem praktischen Polizeibeamten aufmerksam gemacht bin und der mit den obigen Erörterungen in innerem Zusammenhange steht, nämlich die übermäfsige Häufung der Vernehmungen. Es ist gar nicht selten, dafs Angeklagte und Zeugen vier, fünf Male und öfter vernommen werden, zuerst von dem Revierpolizeibeamten, dann auf dem Polizeibureau, von dem Staatsanwalt, dem Amtsrichter und dem Untersuchungsrichter bis zuletzt in der Hauptverhandlung. Dafs diese häufigen Vernehmungen, abgesehen von den mit ihnen verbundenen Belästigungen und Kosten, wesentlich dazu beitragen, den mafsgebenden Aussagen in der Hauptverhandlung ihre natürliche Frische und Unmittelbarkeit zu nehmen, ist klar, und wenn man darauf achtet, wird man finden, dafs die Aussage immer schematischer und immer mehr dem Stile des vernehmenden Beamten angenähert wird, aber aufserdem wird auch dem Angeklagten und solchen Zeugen, die mit der Wahrheit zurückhalten wollen, eine bequeme Handhabe geboten, ihre Aussage immer mehr den Verhältnissen anzupassen, d. h. so einzurichten, wie es ihren Absichten entspricht.

Dafs die wünschenswerte Ersetzung der Schriftlichkeit durch die Mündlichkeit übrigens nicht blofs für die Voruntersuchung, sondern auch für die vorbezeichnete Thätigkeit der Polizeibehörden in Betracht kommt, hat bereits Gneist mit Recht hervorgehoben, indem er den oft beklagten Umstand, dafs unsere Kriminalpolizei nicht soviel leiste, wie die anderer Länder, darauf zurückführt, dafs sie nicht mobil genug sei, weil die Beamten zu viel damit beschäftigt würden, Berichte zu schreiben und Formulare auszufüllen, die dann aus einem Bureau in das andere wandern. Es scheint mir ein durchaus praktischer Gedanke, wenn Gneist vorschlägt, die Polizeibeamten sollten an Stelle ihrer oft wunderlich stilisierten schriftlichen Berichte lieber ihre Wahrnehmungen mündlich dem Untersuchungsrichter und Staatsanwalt mitteilen, um von ihnen ebenfalls mündlich ihre Aufträge entgegenzunehmen. Das würde allerdings sehr wesentlich erleichtert werden, wenn die hierfür in Betracht kommenden Beamten nicht der Polizeibehörde, sondern unmittelbar der

Staatsanwaltschaft und dem Gerichte unterstellt würden, wie es wohl am einfachsten dadurch geschähe, dafs man die Kriminalpolizei von dem übrigen Polizeiorganismus, dessen Thätigkeit mehr präventiven und Verwaltungscharakter hat, völlig loslöste. Ich würde hierin eine Verbesserung unseres Strafververfahrens von nicht zu unterschätzender Bedeutung erblicken.

III. Anklageverfahren.

Im Inquisitionsprozesse hatte der Richter die Aufgabe, die Interessen der Anklage und der Verteidigung gleichzeitig wahrzunehmen. Der Anklageprozefs hat dies beseitigt, indem er für die Strafverfolgung ein besonderes Organ schuf. Das war zweifellos ein Fortschritt, aber die Prinzipienschlufsfolgerung, die ich im Eingange meines Vortrages bekämpfte, hat hier eines ihrer wunderlichsten Gebäude aufgebaut, indem sie aus jener Mafsregel das Prinzip der sog. Parteiengleichheit konstruierte und, nachdem erst dieser schöne Ausdruck erfunden war, nicht zögerte, in der oben geschilderten Weise aus dem angeblichen Prinzip nun Folgerungen herzuleiten, ohne sich darum zu kümmern, dafs dieselben dem natürlichsten Empfinden ins Gesicht schlagen. Ich weifs nicht, ob sich unter uns Anhänger und konsequente Vertreter des Prinzips der Parteiengleichheit befinden, jedenfalls sind sie in der Litteratur ausgiebig zum Worte gelangt, und es scheint mir deshalb nützlich, hier darauf hinzuweisen, dafs, wenn man einmal grundsätzlich bei der Ausgestaltung des Strafprozesses den Staatsanwalt und den Angeklagten auf dieselbe Stufe stellen will, man zu Folgerungen gedrängt wird, vor deren Verwirklichung man doch vielleicht zurückschrecken dürfte. Wie ist es z. B. mit den Mitteln, um eine Beeinflussung der Zeugen zu verhindern? Mufs man, da man sie unter Umständen dem Angeklagten zutraut, auch gegen den Staatsanwalt den gleichen Verdacht hegen? Dann mufs man auch gegen ihn die Kollusionshaft zulassen, wenn man nicht vorzieht, diese auch gegen den Angeklagten zu beseitigen. Aber mag Ihnen dieses Beispiel als Scherz erscheinen, so ziehe ich eine andere Schlufsfolgerung, die ganz ernsthaft zu nehmen ist. Bekanntlich schreibt § 158 St.P.O. vor, dafs der Staatsanwalt verpflichtet ist, nicht blofs die zur Belastung, sondern auch die zur Entlastung dienenden Umstände zu ermitteln. Will man nun auch den Angeklagten zur Ermittelung und Angabe der ihn belastenden Umstände verpflichten? Da die Preisaufgabe, wie dies zu erzwingen sei, kaum eine Lösung finden wird, so bleibt im Interesse der Parteiengleichheit nichts übrig, als auch dem Staatsanwalte das bisherige nobile officium, die Sammlung der Entlastungsbeweise, zu entziehen und ihn anzuweisen, mit der Einseitigkeit seines Parteistandpunktes Ernst zu machen, also einen Angeklagten auch dann zu verfolgen, wenn er ihn für unschuldig hält, und seine Aufgabe darin zu sehen, möglichst viele Verurteilungen zu erzielen. Das alles sind Folgerungen, die man m. E. nicht abweisen kann, wenn man einmal die Gleichstellung behauptet, da sie aus ihr logisch notwendig sich ergeben.

Aber wie hat man nur auf den unglaublichen Gedanken verfallen können, einen staatlichen Beamten auf gleiche Stufe zu stellen mit einem Menschen, dessen Schuld ja ganz gewifs noch nicht als erwiesen anzusehen ist, der aber doch stets einer Strafthat mehr oder minder verdächtig und deshalb in höchstem Grade an dem Verlaufe der Dinge persönlich interessiert ist! Wäre der Staatsanwalt als Partei anzusehen, so hätte dies im Inquisitionsverfahren auch von dem Richter gelten müssen, da er die Aufgabe des Staatsanwaltes wahrnahm. Indem man aus der Gesamtheit der an sich dem Richter zufallenden Thätigkeit einen Teil, nämlich die Wahrung des Anklageinteresses, herausnahm und einem besonderen Beamten übertrug, hat man zum Ausdrucke gebracht, dafs die staatsanwaltschaftliche Aufgabe nach ihrer Grundlage richterlicher Natur ist. Der wahre Grund für die Schaffung der Staatsanwaltschaft ist ein rein psychologischer. Es entspricht der menschlichen Natur, dafs man glaubt, was man wünscht. Wird dem Richter die Aufgabe übertragen, den Urheber einer Strafthat zu ermitteln, so hat er natürlich den Wunsch, diese Aufgabe zu lösen, und das kann ihn in die Versuchung bringen, sie schon dann als gelöst anzusehen, wenn sie es noch nicht ist, d. h. einen Verdächtigen, dessen Schuld noch nicht ausreichend erwiesen ist, als Schuldigen zu behandeln. Das soll vermieden werden, und deshalb hat man die Ermittelung des Thäters einem besonderen staatlichen Organ übertragen. Dafs dieses

Organ hoch über der Sphäre steht, in die nun einmal der Angeklagte — sei es mit Recht oder Unrecht — hineingetaucht ist, versteht sich ganz von selbst, ist aber, wie ich schon anführte, im Gesetze dadurch ganz klar zum Ausdruck gebracht, dafs dem Staatsanwalte zur Pflicht gemacht ist, auch die zur Entlastung dienenden Umstände zu ermitteln.

Aber man hat aus dem angeblichen Prinzip des Anklageverfahrens noch eine zweite Folgerung hergeleitet, die eine wesentlich gröfsere praktische Bedeutung hat. Versucht man bei der Parteiengleichheit die Staatsanwaltschaft auf das Niveau des Angeklagten herabzuziehen, so will man umgekehrt den Angeklagten auf die gleiche Stufe mit dem Staatsanwalte hinaufheben, indem man den Satz aufstellt, beide seien Subjekte des Verfahrens, und deshalb dürfe auch der Angeklagte nicht zum Objekte der Wahrheitsermittelung gemacht werden. Es ist ein Beweis für die verhängnisvolle Wirkung der von mir bekämpften Prinzipienschlufsfolgerung, die jedes noch so unerträgliche Ergebnis hinunterschluckt, ohne an der Richtigkeit des einmal aufgestellten Prinzips irre zu werden, dafs ein Mann, wie Gneist, mit höchstem Nachdruck fordert, das Verhör des Angeklagten zu beseitigen. Er stellt es mit der Tortur auf die gleiche Stufe, indem es durch List dasselbe zu erreichen suche, wie diese mit Hilfe der Gewalt; ja er erklärt geradezu, an dieser Stelle liege die Entscheidung zwischen der alten überwundenen und der neuen gereinigten Anschauung über das Strafverfahren. Nun, ich fürchte, dafs dann die neue Anschauung wenig Aussicht hätte, zu siegen; ich wenigstens entscheide mich unbedenklich für die alte.

Wie kann man nur das Verhör des Angeklagten mit der Tortur zusammenstellen! Inquisitorische Fragen sind ja gewifs unangenehm, aber doch eigentlich nur für den Schuldigen, der vor der Gefahr steht, sein schönes künstliches Lügengewebe zerrissen zu sehen. Auch einem Unschuldigen ist ein Verhör peinlich, aber nur deshalb, weil es ihn drückt, überhaupt in Verdacht geraten zu sein. Aber das ist nicht einmal der Hauptpunkt: der Grund für die Verwerfung der Tortur war gar nicht in erster Linie eine Rücksicht der Humanität, sondern das Recht der Logik. Nicht ihre Grausamkeit ist ihr Hauptfehler, sondern ihre Unvernunft, denn ein erzwungenes

Geständnis ist unglaubwürdig und deshalb wertlos. Gilt denn das auch für das Verhör? Wenn es dem Richter gelingt, einen verstockten Angeklagten durch die Überlegenheit seiner Dialektik von einem Widerspruche zum andern zu verfolgen und endlich zum Geständnisse zu bringen, ist denn das etwas, wogegen sich das Geringste einwenden liefse?

Dafs die Forderung Gneists, das Verhör durch ein blofses Gehör zu ersetzen, d. h. dem Angeklagten lediglich die Frage vorzulegen, ob er sich schuldig bekenne, praktisch unmöglich ist, hat schon Kronecker hervorgehoben, indem er mit Recht darauf hinweist, dafs die Erklärung «Schuldig» oder «Unschuldig» in vielen Fällen gar nicht möglich ist, da die Frage einen Komplex von Einzelfragen bildet, dafs sie ein zusammenfassendes Urteil aus einer ganzen Reihe von Vordersätzen darstellt und dafs nur diese Vordersätze, nicht aber das daraus sich ergebende Urteil zum Gegenstande der Frage gemacht werden können. Es gibt doch auch sonst im Leben viele Fragen — ja es sind zweifellos die meisten —, auf die man nicht einfach mit Ja oder Nein antworten kann. Da trotzdem auch Kronecker die auf Erzielung eines Geständnisses gerichtete Tendenz der Fragestellung und insbesondere den Versuch, den Angeklagten in Widersprüche zu verwickeln, verwirft und ebenso der Herr Referent nach seinen Leitsätzen die Auffassung des Beschuldigten als eines Untersuchungsobjektes, wenn auch nicht ganz aufgeben, so doch mehr als bisher zurückdrängen will, so bin ich gezwungen, näher auf die Frage einzugehen. Ich stelle der von mir bekämpften Anschauung die entgegengesetzte gegenüber, dafs der Angeklagte grundsätzlich als Objekt der Untersuchung anzusehen, dafs deshalb nicht allein das Verhör desselben beizubehalten, sondern auch die Belehrung des Angeklagten über sein angebliches Recht zur Verweigerung der Aussage abzulehnen und die heute vorgeschriebene Befragung, ob er etwas auf die Beschuldigung erwidern wolle, zu beseitigen ist.

Ich lasse dahingestellt, ob mich oder meine Gegner die Beweislast trifft, ich will vielmehr meinerseits den Beweis für meine Sätze übernehmen und darauf die für die gegenteilige Ansicht geltend gemachten Gesichtspunkte zu entkräften suchen.

Mein Obersatz ist der schon im Eingange meines Vortrages nachdrücklich betonte Ausgangspunkt, dafs es für das Strafverfahren nur ein Prinzip gebe, nämlich die Gerechtigkeit, d. h. die Aufgabe, den Schuldigen zu bestrafen und den Unschuldigen vor Verfolgung zu schützen. Mein Untersatz lautet: Der Angeklagte ist hinsichtlich der Frage, ob er schuldig ist oder nicht, diejenige Erkenntnisquelle, an deren Wert keine andere auch nur entfernt heranreicht. Wir können sie nur aus dem Grunde nicht ohne Bedenken benutzen, weil weder sein Leugnen noch sein Geständnis ohne weiteres Glauben verdient, wobei ich übrigens bemerken will, dafs in der Praxis Geständnisse Unschuldiger zu den allergröfsesten Seltenheiten gehören. Aus diesen beiden Sätzen folgt die Notwendigkeit des Verhörs so lange, als nicht sehr schwerwiegende Gründe beigebracht werden, die uns bestimmen müssen, auf dieses Mittel zu verzichten. Ich kenne nur einen solchen Grund, und das ist die aus Erwägungen der Humanität fliefsende Rücksicht, einen Konflikt der Pflichten zu vermeiden. Ein solcher wäre gegeben, wenn man den Angeklagten vor die Wahl stellen wollte, entweder durch das Sagen der Wahrheit sich einer Bestrafung auszusetzen oder durch das Sagen der Unwahrheit ein andres Übel auf sich zu laden. Deshalb hat man die Haft zur Erzwingung einer Aussage und die Bestrafung der unwahren Aussage beseitigt ebenso wie den Reinigungseid, der den Angeklagten vor die Entscheidung stellte, zu gestehen oder eine Eidesverletzung zu begehen. Aber in der That, dieser Gewissenskonflikt ist der einzige Grund und deshalb zugleich die Schranke für die Gültigkeit des mifsverständlichen Satzes: *Nemo tenetur se accusare.*

Ist aber das Gesagte richtig, so frage ich weiter: Wird dadurch, dafs der Richter den Angeklagten mit Hilfe geschickter Fragen, insbesondere dadurch, dafs er ihn in Widersprüche verwickelt, für den letztern ein Gewissenskonflikt geschaffen? Ich wüfste nicht, wie man das begründen wollte. Ein solcher Konflikt besteht ja nur dann, wenn der Angeklagte gezwungen wird, zwischen mehreren auf ihn wirkenden Motiven sich zu entscheiden, unter mehreren von seinem Willen abhängigen Handlungen zu wählen, mithin einen Entschlufs zu fassen, einen Willen zu bethätigen. Aber das liegt ja offenbar nicht vor, wenn der Richter den Angeklagten dahin bringt, gegen seinen Willen die Wahrheit zu offenbaren, wenn er eben zum Objekte der Untersuchung gemacht wird, denn nur bei einem Subjekte kann von einem Willen die Rede sein. Sowenig es zu beanstanden ist und beanstandet wird, wenn der Richter Äufserungen des Angeklagten, die er etwa im Schlafe oder in der Annahme, unbeobachtet zu sein, gemacht hat, gegen ihn benutzt, so wenig ist dies bedenklich bei unüberlegten Äufserungen, die der Richter selbst durch geschickte Fragen hervorruft, oder wenn er ihn in Widersprüche verwickelt, die ihn schliefslich vor die Frage stellen, ob er wegen des hieraus sich ergebenden Verdachtes oder auf Grund eines Geständnisses verurteilt werden will. Wie schon gesagt, hier ist der Angeklagte lediglich Erkenntnisobjekt für den Richter, und die Verwertung dieses Erkenntnismaterials ist ebensowenig zu beanstanden, wie die Benutzung des Eindruckes, den sein Auftreten auf den Richter hervorruft. Wer den gegenteiligen Standpunkt vertritt, müfste folgerichtig auch vorschreiben, dafs der Angeklagte bei der Verhandlung einen Platz erhielte, auf dem er von dem Richter nicht beobachtet werden könnte, denn sonst wird er zum Objekte der Untersuchung gemacht.

Ich glaube, im vorstehenden für meine Behauptung von der Berechtigung des Verhörs des Angeklagten mit der Tendenz, denselben, sofern er schuldig sein sollte, zum Geständnisse zu bringen und ihn zu diesem Zwecke in Widersprüche zu verwickeln, den von mir übernommenen Beweis in streng logischer Form geführt zu haben und darf nun von meinen Gegnern die Entkräftung meiner Argumente erwarten. Die Gegengründe, die ich bisher in der Litteratur gefunden habe, kann ich als durchschlagend nicht anerkennen. Es sind dies folgende:

Zunächst macht man geltend, dafs nur ein völlig freies Geständnis die Garantie der Wahrheit besitze. Ich halte das für eine Verwechselung zweier durchaus verschiedener Gesichtspunkte, nämlich des sittlichen Wertes und der Glaubwürdigkeit. Gewifs, sittlichen Wert hat ein Geständnis nur dann, wenn es aus freier Entschliefsung entspringt, und es wäre recht erwünscht, wenn dies in der Praxis bei der Strafabmessung mehr berücksichtigt würde, als es häufig geschieht. Aber mit der Frage der Glaubwürdigkeit hat dies nicht das geringste zu thun. Bringe ich den Angeklagten dadurch, dafs ich ihm alle seine Ausflüchte als solche nachweise, dahin, dafs er an der Möglichkeit, sich der Strafe zu entziehen, verzweifelt und mir offen die bislang fehlenden Zwischenglieder in der Kette der Untersuchung aufdeckt, so ist das für den Zweck des Beweises genau ebenso wertvoll, wie ein freies Geständnis. Ich verwerte ja nicht das Geständnis als solches, sondern benutze die mir gemachten Angaben lediglich als Material zur Verbindung der sonstigen Verdachtsmomente. Nehmen wir den Fall, der Angeklagte bezeichnet mir den Ort, wo er die gestohlenen Sachen vergraben hat, und beim Nachsuchen werden sie in der That dort gefunden: soll das weniger Beweiskraft haben, je nachdem der Angeklagte dies freiwillig oder infolge meiner inquisitorischen Fragen thut?

Man macht dann weiter geltend, bei der getadelten Art der Befragung betrachte man den Angeklagten schon als schuldig. Ich weifs nicht, woraus man das folgern will: man behandelt ihn nicht als schuldig, aber als verdächtig, d. h. als einen Menschen, dessen Schuld man als möglich ansieht, und dagegen ist nicht das geringste zu erinnern.

Etwas mehr Berechtigung könnte man dem dritten Einwande zugestehen, der dahin geht, durch inquisitorische Fragen werde nicht sicher die Wahrheit, sondern möglicherweise auch die Unwahrheit gefördert, insofern der unschuldige Angeklagte in die Gefahr der Verurteilung gebracht werde. Ich mufs aber auch das für unrichtig halten. Wer unschuldig ist, läuft, wenn er die Wahrheit sagt, niemals eine Gefahr, denn er kann in keinen Widerspruch geraten, da die Wahrheit selbst nicht widerspruchsvoll ist. Bei widersprechenden Aussagen mufs mindestens eine derselben unwahr sein, aber zwei wahre Aussagen können niemals untereinander in Widerspruch stehen. Die behauptete Gefahr könnte deshalb für den Angeklagten höchstens dann entstehen, wenn er, obgleich er unschuldig ist, es doch vorziehen sollte, nicht die Wahrheit, sondern die Unwahrheit zu sagen, und wenn er dann durch Widersprüche, in die er sich auf diese Weise verwickelt, einen sachlich unbegründeten Verdacht erweckt. Aber solche Fälle werden aufserordentlich selten sein, und in ihnen hat jedenfalls der Betroffene sich selbst die Schuld beizumessen. Trotzdem würde das Bedenken vielleicht Beachtung verdienen, wenn es sich um das Hauptverfahren handelte, in das der Angeklagte ohne Vorbereitung hineingeführt und in dem er dann allerlei verfänglichen Fragen unterworfen würde. Aber ich habe ja oben mit Nachdruck gefordert, dafs dem Hauptverfahren, abgesehen von ganz einfachen Fällen, stets eine Voruntersuchung vorangehen solle, und dies gerade damit begründet, dafs Überraschungen des Angeklagten unter allen Umständen vermieden werden müfsten. Ist aber der Angeklagte in der Voruntersuchung bereits mit dem gesamten gegen ihn zu verwertenden Belastungsmateriale bekannt geworden, so ist selbst bei den schüchternsten Naturen der befürchtete verwirrende Erfolg inquisitorischer Fragen ausgeschlossen. Er könnte deshalb nur im Rahmen der Voruntersuchung selbst in Betracht kommen, d. h. dahin führen, dafs der Untersuchungsrichter zu Unrecht einen Unschuldigen für schuldig hielte. Das würde aber an sich zu einer Verurteilung nicht führen und höchstens zur Folge haben, dafs das Hauptverfahren eröffnet würde. Eine Fortwirkung auf das letztere in der Weise, dafs das in der Voruntersuchung abgelegte Geständnis gegen den Angeklagten verwertet würde, ist aber gerade dann nicht möglich, wenn die Protokollierung ausgeschlossen ist, und wenn ich oben hinsichtlich der Zeugenaussagen kurze Notizen zugelassen habe, so steht ja nichts im Wege, bezüglich der Vernehmung des Angeklagten auch sie zu verbieten.

Nach alledem halte ich an dem Verhöre des Angeklagten durchaus fest.

Damit ist nun allerdings die weitere Frage noch nicht entschieden, ob, wie es in der braunschweigischen Strafprozefsordnung bei Ordnungstrafe von zwei Thalern für den Untersuchungsrichter und den Protokollführer vorgeschrieben war und jetzt wieder von den verschiedensten Seiten gefordert wird, dem Angeklagten bei seiner Vernehmung eröffnet werden soll, dafs er zu einer Antwort nicht verpflichtet sei. Man hat sich zur Begründung hierfür darauf berufen, dafs, wenn man einmal dem Angeklagten das Recht zur Verweigerung der Auskunft gebe, man ihn mit diesem Rechte auch bekannt machen müsse, da es illoyal sei, ihn darüber in Unkenntnis zu lassen. Aber ich bestreite durchaus, dafs der Angeklagte das behauptete Recht besitzt. Meine Gegner verwechseln Recht und Thatsache. Dafs der Angeklagte nicht zu einer Aussage gezwungen wird, beruht nicht auf einem Rechte desselben, sondern lediglich auf der Unmöglichkeit, eine Aussage anders zu erzwingen, als mit Mitteln, die der Staat mit Rücksicht auf das über den Gewissenskonflikt Gesagte nicht anwenden darf und will. Es handelt sich, um uns zivilistisch auszudrücken, bei der Aussagepflicht des Angeklagten um eine naturalis obligatio, d. h. der Staat hat keine Mittel, sie rechtlich zur Geltung zu bringen, aber das schliefst die Pflicht als solche, insbesondere als sittliches Erfordernis, nicht aus. Wenn man dagegen eingewandt hat, eine blofs sittliche Pflicht könne für das Recht nicht in Betracht kommen, so ist das unrichtig. Wie im Zivilrecht die Erfüllung einer naturalis obligatio durchaus als Pflichterfüllung betrachtet wird und nicht etwa das Geleistete zurückgefordert werden kann, so hat auch im Strafprozefs das Geständnis, falls es nach dem oben Gesagten überhaupt als Geständnis in Betracht kommt, also freiwillig abgelegt wird, die rechtliche Folge, dafs auf mildere Strafe erkannt wird. Der Angeklagte ist also — um es nochmals kurz zusammen zu fassen — durchaus verpflichtet, auszusagen, er besitzt also kein irgendwelches Weigerungsrecht, sondern dem Staate fehlt es lediglich an der thatsächlichen Möglichkeit, die Erfüllung jener Pflicht zu erzwingen. Macht aber der Angeklagte freiwillig eine Aussage, so genügt er nicht allein seiner Pflicht, sondern der Staat hat auch alle Veranlassung, das ihm gebotene wertvolle Mittel der Wahrheitserforschung zu benutzen, und zwar selbst dann, wenn etwa der Angeklagte die Aussage nur deshalb machen sollte, weil er sich irrtümlich dazu für rechtlich verpflichtet hält.

Man hat eingewandt, wenn man den Angeklagten über sein angebliches Recht nicht belehre, so handle man unrecht, da der routinierte Verbrecher, der seine Berechtigung zur Verweigerung der Aussage kenne, günstiger gestellt sei, als der unerfahrene Angeklagte. Aber ist denn das ein Grund, der Beachtung verdiente? Das Strafverfahren stellt einen Kampf dar, den der Staat mit dem Verbrecher zu führen hat. Sollen wir deshalb, weil der Staat mit einem schlauen und durch Vorstrafen gewitzigten Verbrecher einen schwereren Kampf zu kämpfen hat, als mit dem einfältigen oder unerfahrenen, den letzteren durch staatliche Mittel in seiner Stellung stärken? Dann müfsten wir Verbrecherschulen errichten. Ja, mehr als das. Da der vermögende Angeklagte sich leichter durch Flucht oder Bestechung der Zeugen der Strafe entziehen kann, so müfsten wir im Interesse der Rechtsgleichheit dem unbemittelten die nötigen Mittel von Staats wegen zur Verfügung stellen. Ist der Angeklagte unschuldig, so begründet seine Klugheit oder Dummheit keinen Unterschied, denn in beiden Fällen kann er nichts Besseres thun, als die Wahrheit zu sagen. Der Vorteil der Klugheit kommt also nur im Falle der Schuld in Betracht, und, falls sie vorliegt, sollten wir doch Gott danken, wenn uns die Dummheit des Angeklagten die Wahrheitsermittelung erleichtert.

Aber ich lehne nicht allein ab, dem Angeklagten zu eröffnen, dafs er nicht zur Aussage verpflichtet sei, sondern ich gehe noch einen Schritt weiter und fordere die Aufhebung der jetzigen Vorschrift, nach welcher der Angeklagte zu befragen ist, ob er etwas auf die Beschuldigung erwidern wolle. Inhaltlich steht ja offenbar das heutige Gesetz auf dem Boden des Weigerungsrechtes, und die angeführte Bestimmung ist insofern eine Halbheit, als man die Eröffnung dem Angeklagten nicht mit ausdrücklichen Worten macht, sondern erwartet, dafs er sie aus der gestellten Frage heraushören wird, denn diese hat nur unter Voraussetzung des Weigerungsrechtes einen vernünftigen Sinn. Solche Halbheit und Unklarheit ist verwerflich. Praktisch freilich führt die jetzige Vorschrift regelmäfsig zu keinen Schwierigkeiten, denn gewöhnlich pflegt der Angeklagte auf die Frage, ob er etwas auf die Anklage erwidern wolle, sofort mit der sachlichen Erörterung zu beginnen. Der Fall, dafs er die Antwort abgelehnt hätte, ist mir noch nicht vorgekommen: vielleicht weil er instinktiv fühlt, dafs er dadurch den Verdacht der Schuld wesentlich verstärken würde. Dagegen habe ich es öfters erlebt, dafs der Angeklagte, wenn der Richter darauf bestand, er solle zunächst erklären, ob er überhaupt auf die

Beschuldigung anworten wolle, erwiderte: «Ja, wenn Sie mich fragen, mufs ich doch antworten.» Man sieht hier recht, wie wenig ausgeklügelte juristische Spitzfindigkeiten im Bewufstsein unseres Volkes Verständnis finden. Das Volk empfindet es sehr richtig als eine sittliche Pflicht des Angeklagten, falls er schuldig ist, dies einzugestehen, und glücklicherweise ist dieses natürliche Rechtsgefühl des Volkes stark genug, um gegen eine Verwirrung durch theoretische Tüfteleien Widerstand zu leisten. Immerhin ist es nicht ratsam, zu solcher Verwirrung Anlafs zu geben. —

Nach dem bisher Gesagten kann ich mich hinsichtlich der aufgeworfenen Frage, was zunächst die Hauptverhandlung betrifft, nur auf den Boden der Motive zur Strafprozefsordnung stellen, die zutreffend ausführen, dafs man freilich die Anklageform angenommen habe, dafs aber das Anklageprinzip, das zu einem Verfügungsrechte der Beteiligten über den Prozefsstoff, wie im Zivilprozesse, führen würde, abzulehnen und vielmehr an der Aufgabe des Gerichtes festzuhalten sei, von Amts wegen die materielle Wahrheit zu ermitteln.

Für die Voruntersuchung hat man nun allerdings bisher nicht blofs das Inquisitionsprinzip, sondern auch die Inquisitionsform beibehalten, und es ist zu entscheiden, ob man hier eine Änderung zulassen soll. Ich halte es für unbedenklich, auch die Voruntersuchang nach den gleichen Grundsätzen zu behandeln wie das Hauptverfahren, und in der That, hat man sich einmal für die Öffentlichkeit und Mündlichkeit der Voruntersuchung entschieden, so kann auch die akkusatorische oder, wie man es hier am richtigsten bezeichnet, die kontradiktorische Form derselben unbedenklich zugestanden werden. Es handelt sich in der That bei dieser Forderung nur noch um etwas Nebensächliches. Ist die Voruntersuchung öffentlich in dem Sinne, dafs die Staatsanwaltschaft und der Angeklagte bei allen Untersuchungshandlungen zugegen sein dürfen, so bedeutet die kontradiktorische Voruntersuchung nichts weiter, als dafs diese Anwesenheit nicht blofs eine stillschweigende, passive sein, sondern dafs die Beteiligten das Recht haben sollen, bei der Beweiserhebung aktiv mitzuwirken, insbesondere also den Zeugen Fragen vorlegen und wegen der weiteren Ausdehnung der Untersuchung Anträge stellen dürfen. Daſs der Untersuchungsrichter, falls ihm solche Anträge sachdienlich erscheinen, denselben Rechnung tragen wird, ist selbstverständlich; der Unterschied eines Antrages gegenüber einer bloſsen Anregung würde also nur darin hervortreten, daſs im Falle der Ablehnung dem Antragsteller ein Beschwerderecht zustehen müſste. Ich trage kein Bedenken, ihm ein solches einzuräumen, obgleich bei dem Fehlen ausführlicher Protokolle die Nachprüfung seitens der Beschwerdeinstanz mit einigen Schwierigkeiten verknüpft ist. Immerhin wird der Untersuchungsrichter angehalten werden können, die Ablehnung des Antrages zu begründen, und diese Begründung wird der Beschwerdeinstanz eine Unterlage ihrer Entscheidung bieten.

Man pflegt allerdings unter kontradiktorischer Voruntersuchung nicht bloſs das vorstehend erörterte, in Frankreich durch das Gesetz vom 8. Dezember 1897 eingeführte Verfahren zu verstehen, sondern bezeichnet damit auch wohl das englische System der Voruntersuchung, bei dem der Friedensrichter in keiner Weise von Amts wegen handelt, sondern stets von den Anträgen der Beteiligten abhängig ist, nur pflegt, da es in England eine Staatsanwaltschaft in unserem Sinne für die Regelfälle nicht gibt, deren Aufgabe von dem Verletzten oder einem zu diesem Zwecke von dem Friedensrichter bestellten public oder private prosecutor, meist dem Hauptbelastungszeugen, übernommen zu werden. Es würde mich zu weit führen, auf das engliche Strafverfahren näher einzugehen, und nachdem dasselbe von durchaus berufener Seite, insbesondere von englischen Juristen selbst, einer einfach vernichtenden Kritik unterzogen ist[1]), scheint es mir auch nicht erforderlich, uns damit eingehender zu beschäftigen. Jedenfalls läuft die englische Voruntersuchung darauf hinaus, daſs nicht bloſs die Inquisitionsmaxime, sondern auch die Inquisitionsform aufgegeben ist, und wenn wir dies nicht einmal für das Hauptverfahren empfehlen können, so kann es noch weniger für die Voruntersuchung in Frage kommen. —

M. H.! Ich habe im vorstehenden zu der Hauptforderung der modernen Reformbewegung, nämlich die Grundsätze

[1]) Ich verweise auf die Ausführungen von Liepmann in der Zeitschr. für die ges. Strafrechtswissenschaft V 415 ff. und von Kries daselbst IX 17.

der Öffentlichkeit, Mündlichkeit und Anklageform auch auf die Voruntersuchung auszudehnen, soweit es mir bei den gezogenen engen Grenzen möglich war, Stellung genommen. Ich habe mich nun noch mit den übrigen in Pest erhobenen Forderungen zu beschäftigen, und zwar zunächst mit der Erweiterung der Rechte der Verteidigung, insbesondere dem Gedanken öffentlicher Verteidiger.

Was zunächst die Voraussetzungen der Verteidigung betrifft, so scheinen mir die jetzigen Bestimmungen sachgemäfs, insbesondere dürfte die allgemeine Vorschrift, dafs das Gericht in allen Fällen in der Lage ist, nach seinem Ermessen einen Verteidiger zu bestellen, ausreichend. Wenn man für gewisse Fälle, wie Verhaftung, Haussuchung und Beschlagnahme, eine Verteidigung gesetzlich vorschreiben will, so scheint mir das zu weit gegangen, denn häufig ist auch in solchen Fällen eine Verteidigung keineswegs erforderlich; ich erinnere nur an die zahlreichen verhafteten Bettler und Landstreicher. Vielleicht könnte man eine Bestimmung dahin gehend aufnehmen, dafs dem verhafteten Angeklagten in der Regel ein Verteidiger zu bestellen ist.

Hinsichtlich des Umfanges der Verteidigung wird insbesondere gefordert, dafs der Verteidiger bei allen Akten der Voruntersuchung anwesend sein dürfe. Dieser Forderung ist von selbst Rechnung getragen, sobald man die Voruntersuchung öffentlich und kontradiktorisch macht, wie ich es oben vertreten habe. Dadurch erledigt sich auch der jetzt gerügte Mangel, dafs der Verteidiger erst nach dem Schlusse der Voruntersuchung bedingungslos das Recht hat, die Akten einzusehen.

Es handelt sich deshalb bei den Beschränkungen, die man beseitigt zu sehen wünscht, im wesentlichen um die Befugnis des Gerichtes, anzuordnen, dafs bei den Unterredungen des verhafteten Angeklagten mit dem Verteidiger eine Gerichtsperson zugegen sei und dafs schriftliche Mitteilungen zur Einsicht vorgelegt werden müssen. Ich gebe zu, dafs diese Bestimmungen von dem Verdachte auszugehen scheinen, der Verteidiger könne Kollusionsbestrebungen des Angeklagten Vorschub leisten, und dafs deshalb ihre Beseitigung sich empfehlen dürfte; grofses Gewicht wird jedoch hierauf kaum zu legen sein, denn wenn der Angeklagte seinem Verteidiger keine illegalen Zumutungen stellt, so kann auch das Gericht von dessen Mitteilungen ohne Schädigung der Verteidigung Kenntnis erhalten.

Dagegen wirft der in Pest gemachte und fast allseitig warm unterstützte Vorschlag der öffentlichen Verteidigung eine Frage auf, deren grofse Bedeutung auf der Hand liegt. Man wünscht, soweit ich die damaligen Verhandlungen verstanden habe, die Übertragung der Verteidigung auf beamtete Personen. Freilich sollen diese, um sie ganz unabhängig zu machen, nicht von der Regierung, sondern entweder von den Gemeinden oder von einer Organisation der Anwaltschaft ernannt werden, sie sollen aber Beamte sein, die, wie ich annehme, ein festes Gehalt bekommen unter Ausschlufs von Gebühren für einzelne Thätigkeitsakte; sollten sie aber für die einzelne Verteidigung bezahlt werden, so müfsten sie die Vergütung jedenfalls aus einer öffentlichen Kasse erhalten, in welche dieselbe dann als Gerichtskosten zurückzufliefsen hätte. Nun kann auch ich nicht leugnen, dafs ich dem Gedanken meine Sympathie entgegenbringe. Wie man wegen des oben erörterten psychologischen Grundes aus dem Richteramte die Aufgabe der Strafverfolgung losgelöst und einem besonderen Organe des Staates übertragen hat, so sollte man das gleiche hinsichtlich der Verteidigung thun. Erst dann hat man dem Richter eine durchaus neutrale Stellung geschaffen.

Dabei kommt noch ein praktischer Umstand in Betracht, der auch in Pest schon gestreift ist und der in diesem Zusammenhange nicht unerwähnt bleiben kann, obgleich seine Erörterung etwas Peinliches hat.

Es handelt sich nämlich um die Frage, ob heute von den Verteidigern durchgängig ihre Aufgabe richtig aufgefafst wird. Ich kann das zu meinem Bedauern nicht anerkennen und berufe mich auf die Thatsache, dafs im allgemeinen gerade diejenigen Anwälte, die besonderen Wert auf ihre Stellung in der öffentlichen Meinung legen, die Beschäftigung als Verteidiger als einen Durchgangsposten betrachten, als eine Beschäftigung, die dazu dient, sich bekannt zu machen, dafs sie aber, nachdem sie eine gute Zivilpraxis gewonnen haben, diese für besser, ja, sagen wir geradezu für vornehmer halten und Verteidigungen nur ungern übernehmen. Ich führe dies mindestens zum Teil auf das Gefühl zurück, dafs der Verteidiger in dem Urteile des Volkes nicht völlig auf der gleichen Stufe steht, wie der Anwalt im Zivilprozefs; man nimmt durchgängig an, dafs er in höherem Mafse, als es seiner inneren Überzeugung entspricht, für seine Klienten eintritt. Dafür, dafs im Volke diese Auffassung weit verbreitet ist, brauche ich mich nur auf die Witzblätter zu beziehen, und aus meiner eigenen Erfahrung kann ich anführen, dafs ich oft bewundert habe, wie weitgehend manche besonders beliebte Verteidiger die Fähigkeit besitzen, sich so in die Auffassung ihres Klienten hineinzuleben, dafs sie sich fast mit ihm identifizieren und die unglaublichsten Ausflüchte scheinbar aus voller Überzeugung vertreten[1]).

Dieser Mangel an Objektivität hat nun aber sehr bedauerliche Folgen. Einerseits wird dadurch nicht selten ein Schuldiger der Verurteilung entzogen, aber ebenso wird dadurch der Unschuldige geschädigt, indem der zu seinem Schutze bestimmten Instanz die erforderliche Autorität genommen wird. Das erstere gilt hauptsächlich für das Schwurgericht, das letztere in erster Linie für die Strafkammer, die in dem Verteidiger häufig nichts als ein unbequemes Hindernis sieht.

Würde die Verteidigung in der gleichen Weise wie die Anklage zu einem öffentlichen Amte gemacht, so wären alle diese Unzuträglichkeiten beseitigt.

Aber es ist nicht zu leugnen, dafs diesem Gedanken erhebliche Schwierigkeiten entgegenstehen. Wir brauchen auf den Kostenpunkt, der sogar in Pest als schwerwiegendes Hindernis der angeregten Reform anerkannt wurde, so lange gar nicht einzugehen, wie nicht über eine andre Frage Klarheit geschaffen ist, die in Pest überhaupt nicht berührt wurde, nämlich ob die beamtete Verteidigung künftig die einzige Form derselben sein oder ob daneben die jetzige private Verteidigung fortbestehen soll. Das letztere würde zur Folge haben, dafs die amtliche Verteidigung nur von unbemittelten

[1]) Vergl. hierzu die sehr zutreffenden Ausführungen von v. Weinrich in der Zeitschr. f. d. ges. Strafrechtswissenschaft XIII S. 249 ff.

Personen in Anspruch genommen und damit in der öffentlichen Beurteilung diskreditiert würde. Will man den Gedanken durchführen, aus dem der Vorschlag entsprungen ist, so mufs man das auch in der Richtung thun, dafs, wie die Anklage in der Regel Aufgabe der Staatsgewalt ist, so auch die Verteidigung Monopol des Staates wird. Gegen diese Forderung wird man allerdings nicht allein das materielle Interesse der Anwälte, sondern auch das natürliche Recht des Angeklagten geltend machen, sich einen Verteidiger nach Mafsgabe seines Vertrauens zu wählen, aber dann mufs man eben den ganzen Gedanken fallen lassen. Jedenfalls mufs, wie mir scheint, die Öffentlichkeit sich erst mit dieser Frage auseinandersetzen, bevor es Zweck hat, an die praktischen Schwierigkeiten der Ausführung überhaupt heranzutreten. —

M. H.! Wir haben jetzt diejenigen Punkte erörtert, von denen die Frage abhängig ist, wie die Voruntersuchung zu gestalten sei, und wir können jetzt endlich dazu übergehen, uns darüber schlüssig zu machen, ob man die Voruntersuchung überhaupt beibehalten oder vielmehr ganz beseitigen soll. Der Herr Referent hat sich für die Beseitigung entschieden. Ich kann ihm hier nicht folgen, obgleich ich ihm hinsichtlich der Unhaltbarkeit der dem jetzigen Gesetze zu Grunde liegenden Konstruktion des Antrages auf Voruntersuchung als Erhebung der öffentlichen Klage durchaus zustimme. Ich wünsche um so mehr, dafs diese falsche theoretische Konstruktion aufgegeben wird, als dieselbe zu einer Vorschrift Anlafs gegeben hat, die meines Erachtens nur in ihr ihren Grund hat und zu sehr bedauerlichen praktischen Nachteilen führt. Ich meine den schon erwähnten Übelstand, dafs der Untersuchungsrichter sehr häufig erst in einem zu späten Stadium eingreifen kann, nachdem wichtige Anhaltspunkte verloren gegangen sind oder durch Hineinleitung der Ermittelungen in eine falsche Richtung ein unwiederbringlicher Nachteil herbeigeführt ist. Diese Klage ist mir mehrfach von Untersuchungsrichtern entgegengebracht, und ich halte es in der That für durchaus erforderlich, dafs Sachen, in denen einmal eine Voruntersuchung stattfindet, möglichst sofort in die Hände des Untersuchungsrichters gelangen. Der Vorteil der Voruntersuchung liegt ja gerade hauptsächlich in der Einheitlichkeit der Leitung. Bisher aber stand der Erfüllung dieser Forderung die Vorschrift des § 177 St.P.O. im Wege, dafs der Antrag auf Eröffnung der Voruntersuchung den Namen des Beschuldigten enthalten müsse; solange er nicht bekannt oder ein bestimmter Beschuldigter überhaupt noch nicht vorhanden ist, kann die Voruntersuchung nicht beantragt werden. Offenbar folgt dies aus der theoretischen Konstruktion, denn eine öffentliche Klage kann nur gegen eine bestimmte Person gerichtet werden. Aber eine Klage mufs auch den Antrag auf Verurteilung enthalten, und da von dem Untersuchungsrichter keine Verurteilung, ja überhaupt keine richtende, sondern nur eine ermittelnde Thätigkeit verlangt wird, so ist eben jene Konstruktion falsch. Wird sie aber aufgegeben und deshalb die Bestimmung des § 177 beseitigt, so steht nichts im Wege, vorzuschreiben, dafs die Voruntersuchung, sofern sie überhaupt stattfinden soll, sofort einzutreten hat. Soweit die Fälle, in denen sie notwendig ist, nicht unmittelbar vom Gesetze bestimmt sind, sondern die Entscheidung der Staatsanwaltschaft überlassen ist, würde also vorzuschreiben sein, dafs der Antrag auf Voruntersuchung zu stellen ist, sobald sich übersehen läfst, dafs dieselbe erforderlich werden wird.

In diesem Zusammenhange will ich bemerken, dafs ich keinen Grund sehe, für gewisse Sachen die Voruntersuchung bedingungslos vorzuschreiben und für andre sie ausnahmslos zu verbieten. Wie es schwurgerichtliche Sachen gibt, die, insbesondere bei vollem Geständnisse, einfach genug liegen, um die Eröffnung der Voruntersuchung als eine blofse und noch dazu durch den Zeitverlust höchst unzweckmäfsige Formalität erscheinen zu lassen, so liegen umgekehrt nicht selten schöffengerichtliche Fälle oder Privatklagen so verworren und schwierig, dafs eine Voruntersuchung durchaus am Platze ist. Dafs die jetzige Ausschliefsung bei schöffengerichtlichen Sachen unverständig ist, ergibt sich am besten, wenn man bedenkt, dafs die Frage, ob bei Diebstahl, Unterschlagung, Betrug und Sachbeschädigung der Wert über oder unter 25 ℳ beträgt, für die Schwierigkeit der Aufklärung offenbar ohne jede Bedeutung ist.

Aber etwas ganz andres als diese Nebenpunkte ist die

Hauptfrage: Sollen wir die ganze Voruntersuchung aufgeben? Ich selbst habe früher diesem Gedanken zugeneigt, habe ihn aber bei reiflicher Überlegung wiederaufgegeben. Man macht geltend, alles, was in der Voruntersuchung geleistet werde, könne auch durch das vorbereitende Verfahren beschafft werden. Aber ob das richtig ist, dazu müfste zunächst eine Frage beantwortet werden, auf die ich in den Verhandlungen in Pest vergeblich nach einer Antwort gesucht habe, nämlich ob der Staatsanwalt das Recht haben soll, nicht nur Zeugen, sondern auch den Angeklagten zu vernehmen und deshalb ihn zum Erscheinen vor sich zu zwingen? Das weitere Erfordernis, dafs seine Protokolle öffentlichen Glauben geniefsen müfsten und verlesen werden dürften, würde sich allerdings erledigen, wenn man von ausführlichen Protokollen überhaupt absieht.

Die aufgeworfene Frage würde ich persönlich kein Bedenken tragen zu bejahen. Da ich die Auffassung von der Parteistellung des Staatsanwaltes, wie oben ausgeführt, nicht teile, so kann ich grundsätzlich kein Bedenken dagegen erheben, dafs er das Recht haben soll, auch den Angeklagten zu vernehmen. Der Staatsanwalt hat dieselbe Ausbildung genossen wie der Richter und unterscheidet sich von ihm nur durch zwei Punkte: einerseits ist er verpflichtet, den dienstlichen Weisungen seiner vorgesetzten Behörde nachzukommen, anderseits ist die Entscheidung darüber, ob er richterlicher Beamter ist oder nicht und deshalb die Garantie der richterlichen Unabhängigkeit geniefst, der Landesgesetzgebung überlassen. Aber sosehr ich wünsche, dafs man die Staatsanwälte reichsgesetzlich für richterliche Beamte erklärt und die Pflicht, Weisungen Folge zu leisten, höchstens für politische Vergehen beibehält, so scheinen mir doch die jetzigen Vorschriften keinen Grund zu enthalten, der Staatsanwaltschaft nicht die Befugnis zu Vernehmungen zu geben. Immerhin müfsten sich die Vertreter der Beseitigung der Voruntersuchung über diesen Punkt klar werden und aussprechen, denn wer die Vernehmung des Angeklagten und der Zeugen, wie bisher, dem Richter vorbehalten will, kann unmöglich behaupten, dafs die Voruntersuchung vollwertig durch das vorbereitende Verfahren ersetzt werden könne. Der Herr Referent hat diesen Standpunkt vertreten, aber ich kann ihm darin nicht beistimmen. Der Wert der Voruntersuchung besteht ja gerade darin, dafs bei dem Untersuchungsrichter die Überlegung über die im Interesse der Wahrheitsermittelung zu treffenden Mafsregeln und deren Durchführung in derselben Hand vereinigt sind, dafs er in der Lage ist, jede überhaupt erforderliche Thätigkeit sofort selbst vorzunehmen. Mufs der Staatsanwalt Vernehmungen jeder Art bei dem Amtsrichter beantragen, so ist, ganz abgesehen von dem hiermit verknüpften Zeitverluste, gar nicht zu vermeiden, dafs die Thätigkeit des Staatsanwaltes fortwährend unterbrochen wird und er stets gezwungen ist, nach Empfang der amtsgerichtlichen Protokolle von neuem sich in die Sache hineinzuarbeiten. Wollte man ihm gestatten, bei den Vernehmungen zugegen zu sein, womit aber doch wohl die gleiche Erlaubnis für den Angeklagten verbunden sein müfste, so könnte man diese Schwierigkeit wohl vermindern, aber das Hin- und Herzerren der Sache aus einem Bureau in das andre wäre doch nicht beseitigt. Das jetzige vorbereitende Verfahren, bei dem die Akten stets zwischen Staatsanwalt und Amtsrichter hin- und herwandern, lange Protokolle geschrieben werden und nur aus ihnen der Staatsanwalt seine Kenntnis entnimmt, ist jedenfalls durchaus zu verwerfen und kann mit einer zweckmäfsig geordneten Voruntersuchung keinen Vergleich aushalten.

Legen wir aber wirklich den von mir vertretenen Standpunkt zu Grunde und übertragen die Vernehmung der Zeugen und des Angeklagten dem Staatsanwalte, so kann ich es immer noch nicht zweckmäfsig finden, die Voruntersuchung durch das vorbereitende Verfahren zu ersetzen. Der Staatsanwalt hätte ja dann freilich insofern eine ähnliche Stellung wie der Untersuchungsrichter, als auch er in der Lage wäre, die von ihm für erforderlich gehaltenen Ermittelungshandlungen sofort selbst zur Ausführung zu bringen, aber es bliebe doch der Unterschied, dafs der Untersuchungsrichter einer beschränkten Anzahl von Sachen seine volle Kraft widmen kann, während die Thätigkeit des Staatsanwaltes durch eine grofse Zahl andrer Geschäfte zersplittert wird. Ja, wollte man auch wesentlich mehr Staatsanwälte anstellen, was ja bei Übertragung der Befugnisse des Untersuchungsrichters und des Amtsrichters auf die Staatsanwaltschaft unvermeidlich wäre, so wäre dadurch jener Übelstand noch nicht beseitigt, denn der Umstand, der den Staatsanwalt zur Thätigkeit des Untersuchungsrichters weniger geeignet erscheinen läfst, liegt gerade in der Mannigfaltigkeit der ihm obliegenden Geschäfte. Man denke nur an die Thätigkeit bei der Strafvollstreckung, in Begnadigungssachen, bei der Kosteneinziehung, und man wird zugeben, dafs damit eine Zersplitterung notwendig verknüpft ist. Nun kommt aber noch hinzu, dafs unzählige Anzeigen und Anträge bei der Staatsanwaltschaft eingehen, die sich sehr bald als völlig wertlos ergeben, deren Prüfung aber trotzdem sehr viel Zeit erfordert. Auch sie zehren an der Kraft des Staatsanwaltes.

Ziehe ich das alles in Betracht, so scheint es mir richtiger, nicht dem Staatsanwalte die richterliche, sondern dem Untersuchungsrichter in den ihm zufallenden Sachen die staatsanwaltschaftliche Thätigkeit mitzuübertragen. Dann bildet die staatsanwaltschaftliche Vorprüfung der eingehenden Strafanzeigen gewissermafsen das grobmaschige Sieb, in dem die von vorn herein unbegründeten und aussichtslosen ebenso wie die ganz einfachen Sachen hängen bleiben, sodafs der Untersuchungsrichter nur solche erhält, in denen eine sorgfältige Einzeluntersuchung erforderlich ist. —

M. H.! Ich habe in meinen bisherigen Ausführungen versucht, zu den Reformgedanken, die insbesondere bei den Verhandlungen in Pest hervorgetreten sind, die ich aber auch sonst in der Litteratur vertreten gefunden habe, Stellung zu nehmen. Aber bei der Beschäftigung mit meinem Thema sind mir auch noch Erwägungen und Reformpläne gekommen, die mir in der mir zugänglichen Litteratur noch nicht entgegengetreten sind, die also den Reiz einer gewissen Neuheit haben werden, womit natürlich über ihren Wert noch nichts gesagt ist. Es ist mir wichtig, diese Gedanken hier vor einem so urteilsfähigen Forum zur Prüfung zu verstellen.

Mein Ausgangspunkt ist dabei der schon mehrfach berührte Mangel unseres Verfahrens gewesen, dafs es viel zu lange Zeit in Anspruch nimmt. Dafs ich mit der Anschauung, hierin einen ganz besonders wunden Punkt unsres heutigen Strafprozesses zu sehen, nicht allein stehe, beweisen mir die Äufserungen von zahlreichen Kollegen, mit denen ich aus Anlafs meines Vortrages über unser Thema gesprochen habe.

Alle, denen ich die Frage vorlegte, worin sie Mängel der Voruntersuchung sähen, antworteten mir mit seltener Einmütigkeit: «Sorgen Sie vor allem dafür, dafs das Verfahren rascher zu Ende gelangt!» Man verwies mich dabei auf andre Länder, insbesondere Frankreich, England, Amerika, wo schon in wenigen Wochen das Urteil auf die Strafthat folge. Nun scheint es freilich nach den Äufserungen der Redner in Pest, als ob in Frankreich die rasche Aburteilung der causes célèbres erkauft wird durch um so längere Verzögerung der kleineren Sachen; immerhin ist es sicher eine höchst wichtige Frage, ob es Mittel giebt, auf gröfsere Beschleunigung des Verfahrens hinzuwirken, denn dafs nur eine schleunige Strafjustiz deren wesentlichsten Aufgaben gerecht werden kann, ist so allgemein anerkannt, dafs ich es nicht weiter zu begründen brauche.

Bei dem Nachdenken hierüber habe ich 2 Punkte gefunden, an denen mit Erfolg eingesetzt werden könnte. Allerdings werden meine Vorschläge sehr weitgehend erscheinen und deshalb gewifs manchen Widerspruch erfahren, aber eine wirksame Besserung pflegt ja meist auch durchgreifende Mafsregeln zu erfordern, und im Gegensatze zu dem Herrn Referenten, der sich möglichste Beschränkung auf solche Punkte zur Pflicht gemacht hat, über die sich nach seiner Ansicht schon jetzt eine Verständigung erzielen läfst, betrachte ich es als meine Aufgabe, das ganze für die Reform der Voruntersuchung in Betracht kommende Gebiet von Fragen zu umfassen, denn nur davon kann ich mir eine wirklich befriedigende Lösung versprechen.

Den ersten Mangel unsres Verfahrens sehe ich in einer weitgehenden K r a f t v e r g e u d u n g. Ist das richtig, so kann ja die Folge kaum eine andre sein, als Verlangsamung, denn Kraftverlust bedeutet Zeitverlust. Das gilt in erster Linie gerade von der Voruntersuchung. Es kann ja gar keinem Zweifel unterliegen, dafs, wenn eine Voruntersuchung stattgefunden hat, der Untersuchungsrichter diejenige Person ist, die weitaus am besten das einschlägige Material beherrscht. Und wie nutzt das Gesetz diese durch mühevolle Arbeit erlangte Stoffbeherrschung aus? Einfach überhaupt nicht. Der Untersuchungsrichter hat keinen einzigen Beschlufs von materieller, meritorischer Bedeutung zu fassen, er hat vielmehr lediglich formell festzustellen, dafs die Voruntersuchung beendigt ist. Ob er nach deren Ergebnissen eine Strafthat und welche er als vorliegend ansieht, wer als Thäter zu betrachten ist und in welchem Lichte das Vergehen mit Rücksicht auf alle einschlägigen persönlichen und sachlichen Umstände sich darstellt, darüber hat er ebenso wenig ein Urteil zu äufsern, wie über die Gründe, die für alle diese Punkte in Betracht kommen. Stillschweigend und ohne ein Wort der Erläuterung gibt er die Akten an den Staatsanwalt ab, dem nun nicht allein die Aufgabe zufällt, alles, was der Untersuchungsrichter schon weifs, sich durch mühevolles und zeitraubendes Aktenstudium ebenfalls zu verschaffen, sondern der vor allem bei diesem Versuche auf ein trauriges Surrogat der Wirklichkeit, nämlich auf die toten Schriftzeichen, angewiesen ist. Sehr richtig sagte Kronecker[1]): «Noch unzweckmäfsiger ist das Verfahren bei der Voruntersuchung geordnet. Hier scheidet der einzige gut unterrichtete Beamte, der Untersuchungsrichter, nach Schlufs der Voruntersuchung gänzlich aus; der mangelhaft unterrichtete Staatsanwalt stellt den Antrag, das Hauptverfahren zu eröffnen oder den Angeklagten aufser Verfolfolgung zu setzen, und die noch mangelhafter unterrichtete Strafkammer beschliefst darüber.» Offenbar bedeutet diese Kraftvergeudung einen der schwersten Vorwürfe, die man gegen ein Verfahren erheben kann, zumal damit, wie schon hervorgehoben, ein erheblicher Zeitverlust untrennbar verknüpft ist.

Nun liefse sich ja der Übelstand, dafs der Staatsanwalt seine Kenntnis aus den Akten schöpfen mufs, durch dessen Anwesenheit bei den Untersuchungshandlungen vermindern, aber abgesehen davon, dafs das eine schwerwiegende Belastung der Staatsanwaltschaft darstellen würde, die ich in einer gleich zu erörternden Weise zu vermindern wünsche, beherrscht der Staatsanwalt als blofser Zuhörer das Material doch immer weniger gut, als der Untersuchungsrichter, der es geistig verarbeitet hat; vor allem aber bleibt die mangelhaft unterrichtete Anklagekammer. Ich habe schon oben den Vorschlag verteidigt, auf die ganze Mitwirkung der Anklagekammer zu ver-

---

[1]) Zeitschrift für die gesamte Strafrechtswissenschaft VII 426.

zichten und die Entscheidung darüber, ob das Hauptverfahren zu eröffnen oder der Angeklagte aufser Verfolgung zu setzen sei, in die Hand des Untersuchungsrichters zu legen. Ist er, wie ich ausführte, der einzig gut unterrichtete Beamte, so ist er für diese Entscheidung zweifellos sachlich vorzüglich geeignet; die Frage könnte nur sein, ob man ihn nicht infolge seiner Untersuchungsthätigkeit für voreingenommen halten und deshalb seine persönliche Fähigkeit beanstanden will. Das wird nun aber um so weniger der Fall sein, je mehr wir, wie durch die oben erörterten Reformen, insbesondre die kontradiktorische Form der Voruntersuchung geschieht, in der Thätigkeit des Untersuchungsrichters das richtende Element stärken und das polizeiliche zurückdrängen. Jedenfalls bietet die jetzige inhaltlose Formalität des Eröffnungsbeschlusses überhaupt keinen Schutz, und wenn wir deshalb nur die Wahl haben, die Entscheidung über die Eröffnung des Hauptverfahrens in die Hand des Untersuchungsrichters zu legen oder sie ganz zu beseitigen und die Erhebung der Anklage lediglich dem Ermessen des Staatsanwalts zu überlassen, so werden wir uns offenbar für das erstere entscheiden.

Aber damit haben wir doch nur den ersten Schritt zum Ziele der Ausnutzung der Kenntnis des Untersuchungsrichters und der Vereinfachung des Verfahrens gethan. Soll der Staatsanwalt, wie bisher, die Erhebung der Anklage und deren Vertretung in der Hauptverhandlung behalten, so mufs er immer die Sachkenntnis, die der Untersuchungsrichter schon besitzt, sich erst anzueignen suchen und kann dies, wenn die Aufnahme ausführlicher Protokolle wegfallen soll, nur dadurch, dafs er allen Vernehmungen beiwohnt. Das wird vermieden, wenn man noch einen Schritt weiter geht und auch die Anklageerhebung und deren Vertretung in der Hauptverhandlung dem Untersuchungsrichter überträgt.

Damit würde eine ungemeine Kraftersparung und Vereinfachung erzielt, denn das würde zur Folge haben, dafs alle diejenigen Sachen, die in die Voruntersuchung gehen, damit der ferneren Thätigkeit des Staatsanwalts entzogen würden, er also sich um sie gar nicht mehr zu bekümmern brauchte. Es ist nur die Frage, ob nicht einer solchen Einrichtung erhebliche Schwierigkeiten entgegenstehen.

Das nächstliegende Bedenken besteht darin, dafs, wenn bei dem vorgeschlagenen Verfahren die Staatsanwaltschaft bei den Vernehmungen des Angeklagten und der Zeugen nicht zugegen ist, bei denselben das Anklageinteresse nicht ausreichend vertreten ist oder dafs, wenn der Untersuchungsrichter diese Vertretung übernehmen soll, er aus der Rolle des unbefangenen Richters noch mehr herausgedrängt wird, als dies schon jetzt geschehen ist. Es handelt sich deshalb darum, hinsichtlich der Vertretung des Anklageinteresses für die Staatsanwaltschaft einen Ersatz zu schaffen, und dies führt mich auf den zweiten meiner Reformgedanken, dessen Erörterung deshalb vorangehen mufs, bevor wir zu der vorgegeschlagenen Ausschaltung der Staatsanwaltschaft aus dem weiteren Verfahren Stellung nehmen können.

Der Plan, den ich Ihnen entwickeln will, ist übrigens bei mir keineswegs ausschliefslich oder auch nur in erster Linie aus dem bisher erörterten Gedankenzusammenhange entsprungen, sondern beruht auf einer durchaus hiervon unabhängigen Erwägung von prinzipieller und allgemeiner Bedeutung. Der Gesetzgeber soll sich, wenn er gute Gesetze schaffen will, bei seiner Thätigkeit in erster Linie leiten lassen durch einen Gesichtspunkt, den man in heutiger Zeit leider sehr geneigt ist, aufser Augen zu setzen, nämlich dafs die Allmacht des Staates gar nicht so weit reicht, wie manche Leute sich einbilden, dafs die Kraft der natürlichen menschlichen Triebe und Interessen viel stärker ist und dafs deshalb die staatliche Gesetzgebung nur dann Erfolge erzielt, wenn sie diese Interessen in ihren Dienst stellt. In Deutschland sind wir — ich lasse dahingestellt, ob infolge unseres Volkscharakters oder unserer geschichtlichen Entwicklung — seit Jahrhunderten in den entgegengesetzten Weg der Staatsvormundschaft eingelenkt: der Staat hat für alles zu sorgen; was der einzelne Staatsbürger zu thun hat, beschränkt sich auf Maulhalten und Steuerzahlen. Sein einziges Recht ist, zu räsonnieren. Das tritt auch im Strafverfahren hervor. Bei jeder Strafthat — abgesehen von verschwindenden Ausnahmen — gibt es zwei Personen mit natürlichen und zwar entgegengesetzten Interessen: die eine ist der Verletzte, dessen Wunsch dahin geht, den Thäter zur Bestrafung zu bringen; die zweite ist der Thäter, bezw. der Beschuldigte, der sich der Verfolgung zu entziehen sucht. Da, wie gesagt, diese natürlichen Interessen gegensätzliche sind, so bieten sie die beste Triebkraft, um den Strafmechanismus in Gang zu bringen und bis zu Ende darin zu erhalten.

Was thut nun unser heutiges Strafverfahren? Gewifs, die eine dieser Triebkräfte kommt zu ihrem Rechte, nämlich das Strafentziehungsinteresse des Angeklagten, aber die andre bleibt so gut wie unbenutzt, denn an die Stelle des natürlichen Anklägers tritt ein künstlicher, der staatliche Beamte, der nicht durch sein Interesse, sondern nur durch eine ihm auferlegte gesetzliche Pflicht getrieben wird. Nun ist ja gewifs das Pflichtgefühl der deutschen Beamten über jeden Zweifel erhaben, aber dafs es trotzdem eine geringere Triebkraft darstellt, als das eigene Interesse, sollte man doch nicht verkennen. Dazu kommt aber noch ein zweites: Wäre auch das Pflichtbewufstsein des Staatsanwalts ein ebenso starker Antrieb wie das Eigeninteresse des Verletzten, so ist jedenfalls seine Sachkenntnis und deshalb seine Fähigkeit, die Strafverfolgung mit Erfolg durchzuführen, unendlich viel geringer.

Das ältere deutsche Recht stand auf einem andern Standpunkt, denn es überliefs die Rolle des Anklägers grundsätzlich dem Verletzten, wie es das englische Recht noch heute thut. Nun war es gewifs ein Fortschritt, wenn das kanonische Recht und später das Naturrecht und die Rechtsphilosophie betonten, dafs jede Strafthat, im Gegensatze zu dem blofs zivilen Unrecht, nicht blofs den Beschädigten, sondern zugleich die öffentliche Rechtssphäre berühre und dafs es deshalb Aufgabe des Staates sei, für die Bestrafung zu sorgen. Aber während man hiernach zu einer blofsen Bundesgenossenschaft des Verletzten und des Staates hätte gelangen sollen, schofs man über das Ziel hinaus, indem man den Verletzten einfach zur Seite drängte und ihm schliefslich durch Beseitigung der subsidiären Privatklage sogar das Recht entzog, wenigstens dann für sich selbst zu sorgen, wenn der Staat ihn im Stiche läfst.

Nun kann selbstverständlich der Verletzte Anträge an die Staatsanwaltschaft stellen, und diese wird ihn zur Auskunftserteilung heranziehen, aber nicht allein geht damit viel Zeit verloren, sondern der Verletzte wird dadurch auch verleitet, auf eigne Thätigkeit zu verzichten. Er hat das Bewufstsein, dafs die Staatsbehörde, der er eine viel weitergehende Fähigkeit zur Entdeckung des Thäters zuschreibt, als sie der Wirklichkeit entspricht, sich seines Rechtes annehme, und er thut das, was die allgemeine Sitte des loyalen Unterthanen ist: er zieht die Zipfelmütze über die Ohren, läfst die Polizei schalten wie sie es für gut findet, und schilt dann, wenn sie nichts zu stande bringt. Sollte er aber wirklich eine energischere Natur sein und die Neigung haben, sich um seine Sache zu kümmern, so wird er die Erfahrung machen, dafs öftere schriftliche Eingaben oder gar ein häufigeres persönliches Erscheinen im Bureau der Staatsanwaltschaft ungern gesehen werden, und er wird das bald unterlassen. So beraubt sich der Staat seiner besten Hilfskraft.

Ganz vernunftwidrig aber wird die Rolle des Verletzten in der Hauptverhandlung. Dafs er eine Sonderstellung einnimmt, indem er einerseits die besten Aufklärungen geben kann, aber anderseits auch persönlich interessiert und deshalb nicht völlig unbefangen ist, wird vom Gesetze völlig übersehen. Der Verletzte ist einfach Zeuge, wie jeder andre, er wird beeidigt und hat grundsätzlich nicht das Recht, sich um das Verfahren zu kümmern, sofern er sich nicht als Nebenkläger anschliefst. Aber kann denn diese rein formelle Erklärung seine sachliche Stellung ändern? Wie vielfach ist es gewissermafsen Sache des Zufalls, welche von zwei streitenden Parteien auf die Anklagebank und welche auf die Zeugenbank kommt: man denke nur an Schlägereien, Meineidsprozesse u. dgl. Das Gericht mufs dann, selbst wenn es die Überzeugung erlangt, dafs die Rollen von der Staatsanwaltschaft falsch verteilt sind, den Schuldigen beeidigen und soll ihm grundsätzlich mehr glauben als dem formell Angeklagten!

Nun wohl! Versuchen wir einmal, dem Verletzten seine natürliche Aufgabe als Vertreter der Anklage zurückzugeben. Ich habe oben bei Erörterung der Öffentlichkeit ausgeführt, dafs das Verfahren sich ungleich befriedigender gestalten, insbesondere sehr viel rascher entwickeln würde, wenn der Staatsanwalt und der Angeklagte bei der Vernehmung der Zeugen zugegen wären, aber ein durchgreifender Erfolg dieser Mafsregel ist dadurch bedingt, dafs *auch der Verletzte zur Stelle ist.* Er wird in den Regelfällen weitaus am besten die Tragweite der in den Aussagen hervortretenden Anhaltspunkte übersehen und sowohl durch Fragen, wie durch Anregung weiterer Beweiserhebungen zur Aufklärung beitragen können.

Aber ist der Verletzte bei den Vernehmungen gegenwärtig, so haben wir in ihm zugleich die eben erörterte Vertretung des Anklageinteresses, und die Anwesenheit der Staatsanwaltschaft ist dann völlig entbehrlich. Für das Beweisverfahren dürfte dies zweifellos sein, wie dasselbe sich ja schon bisher ohne Gegenwart des Staatsanwalts abspielte. Wird die Entscheidung über die Eröffnung des Hauptverfahrens dem Untersuchungsrichter übertragen, so bietet auch dies keinen Grund, weshalb die Staatsanwaltschaft die Ergebnisse der Beweise kennen müfste, denn bei der kontradiktorischen Verhandlung über die Eröffnung kann das Anklageinteresse ebenfalls durch den Verletzten wahrgenommen werden. Es bleibt also nur die *Hauptverhandlung* selbst. Hier die Vertretung der Anklage ausschliefslich dem Verletzten zu übertragen, ist sowohl praktisch bedenklich, wie auch wegen des öffentlichen Interesses an der Strafverfolgung theoretisch nicht zu rechtfertigen. Aber es steht nunmehr nichts mehr im Wege, *den Untersuchungsrichter an die Stelle des Staatsanwalts zu setzen.* Dafs ein solches Verfahren ungemein zweckmäfsig sein würde, indem der Untersuchungsrichter die weitaus bestunterrichtete Person ist und dadurch, dafs er die Vertretung der Anklage auch für das Hauptverfahren in der Hand behält, die mit der Einschaltung des Staatsanwalts verbundene Kraftvergeudung beseitigt wird, habe ich oben schon näher begründet. Die dadurch herbeigeführte Ersparnis an Arbeitskraft auf seiten der Staatsanwaltschaft kommt auch fast unverkürzt zur Geltung, denn wenn dafür der Untersuchungsrichter die Aufgabe erhält, die Entscheidung über die Eröffnung des Hauptverfahrens zu treffen, die Anklage auszuarbeiten und dieselbe in der Hauptverhandlung gemeinschaftlich mit dem Verletzten zu vertreten, so sind das alles Arbeiten, die bei der einmal gewonnenen Kenntnis der Verhältnisse wenig Mühe erfordern; jedenfalls bildet das Gesamtergebnis im Vergleiche mit dem jetzigen Zustande eine wesentliche Ersparung.

Nun liegt natürlich ein Einwand gegen meinen Vorschlag nahe, nämlich dafs wir in unzulässiger Weise die Funktionen des Anklägers und des Richters vermischen. Aber ich frage demgegenüber: «Ist denn überhaupt der Untersuchungsrichter ein Richter?» Ich finde, er hat nur den Namen; in Wahrheit hat er eine rein polizeiliche Thätigkeit. Ein Richter soll einen Streit entscheiden, aber das thut der Untersuchungsrichter nicht, sondern er hat lediglich diese Entscheidung vorzubereiten. Worin unterscheidet er sich überhaupt von dem Staatsanwalt? Beide haben dieselbe Ausbildung genossen. Macht man, wie oben gefordert, auch den Staatsanwalt reichsgesetzlich zu einem richterlichen Beamten, dem höchstens sein Auftrag als Staatsanwalt entzogen werden kann, so bleibt allein noch die nach dem oben Gesagten auf das politische Gebiet zu beschränkende Abhängigkeit von Weisungen der vorgesetzten Behörde; diese aber ist ohne Bedeutung für die Fälle, auf die wir uns hier zunächst beschränkt haben, in denen durch eine Strafthat eine bestimmte Privatperson verletzt ist. Hiernach könnte als Unterschied allein in Betracht kommen, dafs der Untersuchungsrichter die Befugnis hat, Verhaftungen, Beschlagnahmen und Durchsuchungen anzuordnen; aber da der Staatsanwalt dies bei Gefahr im Verzuge ebenfalls thun darf, denn die vorläufige Festnahme ist doch thatsächlich nichts, als eine Verhaftung, so kann von einer prinzipiellen Verschiedenheit der Stellung meines Erachtens keine Rede sein. Sollte man aber trotzdem Bedenken tragen, dem Staatsanwalte die Befugnisse des Untersuchungsrichters zu übertragen, so spricht das jedenfalls nicht gegen das entgegengesetzte Verfahren, dem Untersuchungsrichter die bisher dem Staatsanwalte obliegende Vertretung der Anklage in der Hauptverhandlung zur Pflicht zu machen, und stöfst man sich etwa doch noch an dem Namen «Untersuchungs*richter*», so ändere man diesen, zumal er, wie gesagt, ohnehin nicht zutrifft, und bezeichne den Betreffenden als «Untersuchungs*beamten*».

Man hat mir weiter eingewandt, dafs der Verletzte häufig gar keine Neigung habe, sich den Unbequemlichkeiten einer Beteiligung an der Strafverfolgung zu unterziehen. Nun, der wichtigste Umstand, der ihm das mehrfache Erscheinen vor Gericht, wie es die Anwesenheit in den Beweiserhebungsterminen erfordert, unangenehm machen wird, ist der Verlust an Zeit, der bei den meisten Verletzten zugleich einen Ausfall an Erwerb bedeutet, sowie die meist mit den Terminen verbundenen baren Unkosten. Dieses Hindernis läfst sich aber leicht beseitigen durch Zahlung einer Vergütung aus der Staatskasse, die als Teil der Kosten des Verfahrens demnächst von dem Verurteilten wieder einzuziehen ist. Die Vergütung braucht auch nicht, wie bei dem Zeugen, auf die blofse Erstattung eines Erwerbsausfalles beschränkt zu werden, sondern kann auch eine Vergütung der Mühewaltung umfassen[1]). Aufserdem wird man gestatten dürfen, dafs der Verletzte in Fällen, wo sein persönliches Erscheinen erschwert ist, einen Vertreter schickt, denn wenn dieser häufig nicht das gleiche Mafs von Sachkenntnis besitzen wird, wie der Verletzte selbst, so ist das doch keineswegs notwendig, und aufserdem wird der Vertreter meist immerhin noch geeigneter sein, das Anklageinteresse zu vertreten, als der Staatsanwalt. Endlich ist zu beachten, dafs der Verletzte ja schon nach dem heutigen Verfahren in den meisten Terminen zugegen sein mufs, und dafs es vielfach zweckmäfsig sein würde, ihn als Zeugen zu laden, um ihn dem Angeklagten oder andern Zeugen gegenüberzustellen. Mufs er aber einmal als Zeuge zugegen sein, so enthält die Stellung, die ich ihm übertragen will, keine Mehrbelastung, sondern eine blofs formelle Änderung. —

Hiernach wird sich das Verfahren, wie es mir vorschwebt, folgendermafsen gestalten:

Alle Strafanzeigen gehen, wie bisher, an die Staatsanwaltschaft. Diese hat zunächst zu prüfen, ob nach der Anzeige überhaupt eine strafbare und verfolgbare Handlung als vorliegend anzusehen ist. Wird diese Frage verneint, so ist die Einleitung des Verfahrens abzulehnen. Wird sie bejaht, so ist zu unterscheiden, ob die Anklage sofort erhoben werden kann, bezw. eine Entscheidung hierüber ohne umfängliche Beweiserhebung, insbesondere durch blofses Studium von Akten

---

[1]) Dies geschieht auch in England bei dem *private prosecutor*. Vergl. Liepmann in der Zeitschrift für die gesamte Strafrechtswissenschaft VI 427.

oder einfache polizeiliche Ermittelungen herbeigeführt werden kann. Für solche Fälle bleibt das Verfahren in der Hand des Staatsanwalts. Ob man für sie einen gerichtlichen Eröffnungsbeschlufs beibehalten und für dessen Vorbereitung eine Vernehmung des Angeklagten vor der Anklagekammer oder deren Vorsitzenden mit oder ohne Beweiserhebung vorschreiben soll, kann als über unser Thema hinausliegend dahingestellt bleiben. In allen andern Fällen hat der Staatsanwalt die Sache unverzüglich an den Untersuchungsrichter abzugeben. Der letztere hat sämtliche Beweise zu erheben, von denen sich eine Aufklärung des Thatbestandes erwarten läfst. In dem Verfahren findet eine Mitwirkung der Staatsanwaltschaft nicht statt, dagegen sind zu allen Terminen der Verletzte und der Angeklagte zu laden; ihnen steht das Recht zu, Fragen an die Auskunftspersonen zu richten und Beweisanträge zu stellen. Ist das Verfahren abgeschlossen, so entscheidet der Untersuchungsrichter nach Anhörung des Verletzten und des Angeklagten darüber, ob das Hauptverfahren zu eröffnen sei; im letzteren Falle hat er die Anklageschrift einzureichen. Die Ansetzung eines Verhandlungstermines erfolgt ohne Anklagebeschlufs. In der Hauptverhandlung hat der Untersuchungsrichter die Anklage zu vertreten, wobei der Verletzte ihm zur Seite steht und ebenfalls befugt ist, Anträge hinsichtlich des Verfahrens und der Strafe zu stellen. —

Ich habe bisher nur von den Fällen gesprochen, in denen ein Verletzter vorhanden und deshalb im stande ist, einen wesentlichen Teil der Aufgaben der Strafverfolgung zu übernehmen. Sie sind die weitaus zahlreichsten, und ist für sie ein befriedigendes Verfahren gefunden, so ist die wichtigste Aufgabe als gelöst anzusehen. Wenden wir uns nun zu den Fällen, in denen eine verletzte Privatperson nicht vorhanden ist, sei es weil sie gestorben oder nicht gewillt ist, sich der Strafverfolgung zu unterziehen, sei es dafs es an ihr nach der Art der Strafthat überhaupt fehlt, weil diese lediglich das Interesse der Gesamtheit berührt. In diesen Fällen mufs naturgemäfs der Staatsanwalt alle diejenigen Handlungen vornehmen, die sonst dem Verletzten zugefallen wären, insbesondere bei den Akten der Voruntersuchung zugegen sein. Es genügt aber, der Staatsanwaltschaft ein Recht hierzu zu geben, und es ist nicht nötig, hieraus eine gesetzliche Verpflichtung zu machen, denn da der Untersuchungsrichter ohnehin alle Verdachtsmomente zu verfolgen hat, so ist die Gefahr, dafs das Fehlen des Anklägers in den Untersuchungsterminen die Interessen der Strafverfolgung schädigen könne, kaum vorhanden, und da es im übrigen dabei bleibt, dafs nach Abschlufs der Voruntersuchung die Überweisung zur Hauptverhandlung und die Vertretung der Anklage in derselben Sache des Untersuchungsrichters ist, so ist auch dazu die Kenntnis der Ergebnisse der Voruntersuchung seitens des Staatsanwalts nicht erforderlich. Ihm neben dem Untersuchungsrichter die Anwesenheit in der Hauptverhandlung zu gestatten, wäre theoretisch unbedenklich, aber praktisch offenbar überflüssig, da das Interesse der geschädigten Gesamtheit durch den Untersuchungsrichter ausreichend vertreten wird.

Was endlich die Fälle der Privatklage betrifft, so geben sie keinen Anlafs zu besonderen Bestimmungen mit Ausnahme derjenigen, dafs der Antrag auf Eröffnung der Voruntersuchung hier nicht von der Staatsanwaltschaft sondern von dem Privatkläger zu stellen ist. Die Voruntersuchung in diesen Fällen auszuschliefsen, dazu liegt, wie schon oben bemerkt, kein Grund vor, und zwar um so weniger, als man besser thäte, nach dem Vorschlage des Entwurfes der St.P.O. überall da, wo die Staatsanwaltschaft das Verfahren ablehnt, dem Verletzten das Recht auf subsidiäre Privatklage zu geben. Ob man in der Hauptverhandlung die Mitwirkung des Untersuchungsrichters erfordern oder zulassen will, ist eine Frage, zu der wir hier keine Stellung zu nehmen brauchen. Mir scheint es richtig, dies von dem Antrage des Privatklägers und dessen Genehmigung durch den Untersuchungsrichter abhängig zu machen.

Soll übrigens der Vorteil des von mir vorgeschlagenen Verfahrens voll zur Geltung kommen, so ist noch ein Erfordernis aufzustellen, das den bisherigen gesetzlichen Bestimmungen widerspricht, nämlich eine langdauernde Besetzung der Stellung eines Untersuchungsrichters mit demselben Beamten, denn so oft ein Wechsel eintritt, würde damit für den Nachfolger die von seinen Vorgängern gewonnene persönliche Sachkenntnis verloren sein, und da es ja an ausführlichen Protokollen fehlt, würde häufig eine Wiederholung der Beweiserhebungen unvermeidlich sein. Es mufs deshalb die Bestimmung des § 60 St.P.O., dafs die Bestellung des Untersuchungsrichters auf ein Jahr geschieht, ebenso in Wegfall kommen, wie das Recht des Untersuchungsrichters, nachdem er eine gewisse Zeit sein Amt verwaltet hat, die Fortführung desselben abzulehnen. —

M. H.! Ich bin mit meinen Ausführungen zu Ende. Wie Sie sehen, habe ich meine Aufgabe anders aufgefafst, als der Herr Referent, und deshalb ist mein Vortrag nicht sowohl ein Korreferat, sondern eine selbständige Behandlung des Themas geworden. Der Herr Referent bezeichnete es als seine Absicht, sich nur mit denjenigen Fragen zu beschäftigen, die nach seiner Auffassung schon einigermafsen spruchreif seien und sich von den übrigen ohne wesentliche Störung des Zusammenhanges loslösen liefsen. Wenn wir eine gesetzgebende Versammlung wären, würde ich ein solches schrittweises Vorgehen als zweckmäfsig anerkennen, aber unsere Aufgabe glaube ich doch darin sehen zu müssen, die ganze Materie durchzuarbeiten und, wenn wir auch dabei gezwungen sind, zunächst den Grund autzuwühlen, doch schliefslich eine um so vollständigere Klärung herbeizuführen.

So viel zur Rechtfertigung meiner Behandlung des Themas und des leider dadurch gegebenen Umfanges meines Vortrages.

Noch eine letzte Bemerkung bitte ich mir zu gestatten.

Wenn man Vorschläge für die Gestaltung des gerichtlichen Verfahrens macht, so mufs man in unserer heutigen materiellen Zeit stets auch den Kostenpunkt im Auge haben. Wäre nicht die unglückliche Geldfrage, so hätten wir schon längst eine Reform des Strafprozesses erzielt. Um so mehr mufs gerade ein Praktiker es als seine Pflicht ansehen, diesen Punkt im Auge zu behalten. Nun, in dieser Beziehung habe ich ein gutes Gewissen, ja ich glaube gerade hier die stärkste Seite meiner Vorschläge sehen zu müssen: ist doch mein Ausgangspunkt eben der gewesen, dafs das jetzige Verfahren eine Kraftvergeudung bedeute, die natürlich mit Geld bezahlt werden mufs. Nach meiner Schätzung würde bei Durchführung der von mir gemachten Vorschläge die der Staatsanwaltschaft obliegende Arbeit sich künftig auf kaum mehr als ein

Viertel der bisherigen belaufen; diejenige des Untersuchungsrichters würde annähernd dieselbe bleiben, denn wenn auch einerseits durch Wegfall der Protokollierung sehr viel Zeit erspart werden würde, so würde anderseits die Zahl der von dem Untersuchungsrichter zu bearbeitenden Sachen sich nicht unerheblich vermehren. Endlich würde die Hauptverhandlung sich wesentlich abkürzen.

Da bekanntlich die Kosten der Strafrechtspflege eine schwere Belastung unserer Staatsfinanzen bilden, zumal sie nur in seltenen Fällen von dem Verurteilten beizutreiben sind, so hoffe ich, dafs die deutschen Finanzminister mir ihr volles Wohlwollen zuwenden, und da diese Herren bekanntlich in allen Fragen des Staatslebens die erste Violine spielen, so wird mir das eine sehr wertvolle Unterstützung sein. Trotzdem zweifle ich nicht, dafs meine Vorschläge manchen Widerspruch finden werden, aber aus Rede und Gegenrede wird ja schliefslich die Wahrheit gewonnen, und so hoffe ich auch, dafs unsere heutigen Verhandlungen wesentlich dazu beitragen werden, die Reform der Voruntersuchung ihrer Lösung näher zu führen.

Druck von Leonhard Simion in Berlin SW.

Gesetzentwurf
betreffend Abänderung der Strafprozefsordnung.

Von Landgerichtsrat W. Kulemann in Braunschweig.

Die Strafprozefsordnung vom 1. Februar 1877 wird in folgender Weise abgeändert:

1. § 112 Absatz 2 ist zu streichen.

2. Hinter § 112 ist einzuschalten:

§ 112a.

Ein Haftbefehl ist auch gegen dritte Personen zulässig, wenn die Voruntersuchung eröffnet ist und Tatsachen vorliegen, aus denen zu schliefsen ist, dafs der Betreffende Spuren der Tat vernichten oder dafs er Zeugen, Täter oder Teilnehmer zu einer falschen Aussage oder Zeugen dazu verleiten werde, sich der Zeugnispflicht zu entziehen. Diese Tatsachen sind aktenkundig zu machen.

3. Im § 136 Absatz 1 ist Satz 2 zu streichen.

4. Die §§ 151—155 sind zu streichen.

Die Überschrift über § 156 lautet «Vorbereitendes Ver fahren».

5. Hinter § 156 ist als § 156a die jetzige Vorschrift des § 152 Absatz 2 einzuschalten.

6. § 167 Absatz 1 lautet:

Findet die Einnahme eines Augenscheins statt oder soll ein Zeuge oder Sachverständiger vernommen werden, der voraussichtlich am Erscheinen in der Hauptverhandlung verhindert oder dessen Erscheinen wegen grofser Entfernung besonders erschwert sein wird, so ist dem Staatsanwalt die Anwesenheit bei der Verhandlung zu gestatten.

Als Absatz 3 bis 5 sind Absatz 3—5 des § 191 einzufügen.

7. § 168 Absatz 1 lautet:

Bieten die angestellten Ermittelungen genügenden Anlafs zur Erhebung der Anklage, so hat die Staatsanwaltschaft eine Anklageschrift bei dem Gericht einzureichen. Ergibt sich die Zweckmäfsigkeit einer Voruntersuchung, so hat die Staatsanwaltschaft die Akten an den Untersuchungsrichter abzugeben und die Eröffnung der Voruntersuchung zu beantragen.

Absatz 2 bleibt unverändert.

Als Absatz 3 ist hinzuzufügen:

Die Voruntersuchung ist zu beantragen, sobald sich übersehen läfst, dafs ihre Eröffnung zweckmäfsig sein wird.

8. Im § 169 sind die Worte: «auf Erhebung der öffentlichen Klage» zu ersetzen durch: «auf Einleitung der Voruntersuchung oder Erhebung der Anklage».

Als Absatz 2 ist hinzuzufügen:

Beantragt der Staatsanwalt die Eröffnung der Voruntersuchung, so hat er hiervon den Antragsteller in Kenntnis zu setzen.

9. § 172 Absatz 1 lautet:

Ergibt sich kein genügender Anlafs zur Eröffnung der Voruntersuchung oder zur Erhebung der Anklage, so verwirft pp.

§ 172 Absatz 2 lautet:

Ist der Antrag verworfen, so kann ein neues Verfahren nur auf Grund neuer Tatsachen oder Beweismittel eingeleitet werden.

10. § 173 lautet:

Erachtet dagegen das Gericht den Antrag für begründet, so beschliefst es entweder die Einleitung der Voruntersuchung oder die Erhebung der Anklage. Im letzteren Falle hat die Staatsanwaltschaft eine dem Beschlusse entsprechende Anklageschrift einzureichen.

11. § 176 lautet:

Die Voruntersuchung findet statt in allen Strafsachen, in denen sie zur Vorbereitung des Hauptverfahrens erforderlich erscheint.

12. § 177 lautet:

Die Eröffnung der Voruntersuchung bedarf eines Antrages. In demselben ist die den Gegenstand der Strafverfolgung bildende Tat und, falls die Voruntersuchung gegen eine bestimmte Person als Verdächtigen gerichtet werden soll, auch diese zu bezeichnen. Der Antrag kann von der Staatsanwaltschaft, in den Fällen der Privatklage auch von dem Privatkläger gestellt werden.

13. § 178 Absatz 1 lautet:

Der Antrag kann nur abgelehnt werden,

1. wegen Unzuständigkeit des Gerichts,
2. wegen Unzulässigkeit der Strafverfolgung,
3. weil die in dem Antrage bezeichnete Tat unter kein Strafgesetz fällt,
4. weil kein ausreichender Verdacht vorliegt.

14. Hinter § 178 ist einzuschalten:

§ 178a.

Der Beschlufs, durch welchen die Voruntersuchung eröffnet wird, mufs die den Gegenstand der Strafverfolgung bildende Tat unter Angabe des zur Anwendung kommenden Strafgesetzes bezeichnen. Wird die Voruntersuchung gegen eine bestimmte Person als Verdächtigen gerichtet, so ist auch diese Person zu bezeichnen. Ergibt sich im Laufe der Voruntersuchung Veranlassung, sie gegen eine bestimmte Person als Verdächtigen zu richten, so ist dies durch einen besonderen Beschlufs auszusprechen.

Der Beschlufs, durch welchen die Voruntersuchung gegen eine bestimmte Person als Verdächtigen gerichtet wird, ist dieser Person zuzustellen.

15. § 179 Absatz 1 lautet:

Gegen den Beschlufs, durch welchen die Voruntersuchung eröffnet ist, kann der in demselben als Verdächtiger bezeichnete aus den in § 178 Ziffer 1—3 angegebenen Gründen Beschwerde erheben.

16. § 180 lautet:

Gegen den Beschlufs, durch welchen die Eröffnung der Voruntersuchung abgelehnt ist, hat der Antragsteller das Recht der sofortigen Beschwerde.

17. § 181 lautet:

Über die Beschwerde (§ 179, 180) entscheidet das Gericht.

18. Hinter § 184 ist einzuschalten:

§ 184a.

Die Voruntersuchung ist öffentlich. Die Bestimmungen der §§ 170—176 G.V.G. finden entsprechende Anwendung.

Der Untersuchungsrichter kann die Öffentlichkeit ausschliefsen, wenn von derselben eine Gefährdung des Untersuchungszweckes zu befürchten ist. Die Ausschliefsung kann sich auf einzelne Personen beschränken.

19. § 186 Absatz 2 erhält folgenden Zusatz:

Aufserdem sind die wesentlichen Ergebnisse der Verhandlung in das Protokoll aufzunehmen.

Absatz 3 fällt fort.

20. § 188 lautet:

In der Voruntersuchung sind alle zur Aufklärung der Sache erforderlichen Beweise zu erheben.

21. Im § 189 Absatz 1 ist zu streichen:

«Der Staatsanwaltschaft».

Absatz 2 lautet:

Eine Fortsetzung der Voruntersuchung findet nur statt, wenn der Antrag dahin gerichtet wird.

22. § 190 lautet:

Ist in dem Beschlusse, durch welchen die Voruntersuchung eröffnet ist, eine bestimmte Person als Verdächtiger bezeichnet, so ist dieselbe sofort zu vernehmen.

23. § 191 Absatz 1 und 2 lauten:

Die Staatsanwaltschaft bezw. in Fällen, in denen die Voruntersuchung auf Antrag des Privatklägers eröffnet ist, der letztere hat das Recht, allen Verhandlungen beizuwohnen, an die Auskunftspersonen Fragen zu richten und Anträge bezüglich des Verfahrens zu stellen. Ist das Verfahren gegen eine bestimmte Person als Verdächtigen gerichtet, so stehen dieser so wie dem von ihr bestellten Verteidiger dieselben Rechte zu.

24. Hinter § 191 ist einzuschalten:

§ 191a.

Ein Beschlufs, durch welchen ein Antrag abgelehnt oder

demselben gegen den Widerspruch des anderen Teiles stattgegeben wird, ist mit Gründen zu versehen.

Die Bestimmungen der §§ 238 und 240 finden entsprechende Anwendung.

25. § 192 erhält folgenden Zusatz:

Der Untersuchungsrichter hat jedoch .... (wie im § 246).

26. § 194 lautet:

Die Staatsanwaltschaft bezw. in den Fällen, wo die Voruntersuchung auf Antrag des Privatklägers eröffnet ist, der letztere sowie derjenige, der in dem Eröffnungsbeschlusse als Verdächtiger bezeichnet ist und der von ihm bestellte Verteidiger haben das Recht, jederzeit von dem Stande der Voruntersuchung durch Einsicht der Akten Kenntnis zu nehmen.

27. Hinter § 194 ist einzuschalten:

§ 194a.

Ist gegen den Beschuldigten die Haft aus dem Grunde verhängt, weil gegen ihn Tatsachen vorliegen, aus denen zu schliefsen ist, dafs er Spuren der Tat vernichten oder dafs er Zeugen oder Mitschuldige zu einer falschen Aussage oder Zeugen dazu verleiten werde, sich der Zeugnispflicht zu entziehen, so ist der Untersuchungsrichter befugt, ihn von der Anwesenheit bei den Beweisterminen auszuschliefsen und ihm die Akteneinsicht zu untersagen.

Diese Vorschrift findet keine Anwendung, soweit es sich um die Einnahme eines Augenscheins oder um Vernehmung von Zeugen oder Sachverständigen handelt, welche voraussichtlich am Erscheinen in der Hauptverhandlung verhindert oder deren Erscheinung wegen grofser Entfernung besonders erschwert sein wird.

28. § 195 lautet:

Nach Abschlufs der Voruntersuchung entscheidet der Untersuchungsrichter darüber, ob das Verfahren einzustellen und, sofern dasselbe gegen eine bestimmte Person als Verdächtigen gerichtet ist, diese aufser Verfolgung zu setzen oder die Hauptverhandlung zu eröffnen ist. Die Entscheidung erfolgt, nachdem die Staatsanwaltschaft bezw. in Fällen, wo die Voruntersuchung auf Antrag des Privatklägers eröffnet ist, dem letzteren und, sofern die Voruntersuchung gegen eine bestimmte Person als Verdächtigen gerichtet ist, dieser in einem Termine die Gelegenheit gegeben ist, sich zu äufsern.

Der Beschlufs ist mit Gründen zu versehen und der Staatsanwaltschaft bezw. dem Privatkläger sowie, falls die Voruntersuchung gegen eine bestimmte Person als Verdächtigen gerichtet ist, dieser zuzustellen. Gegen den Beschlufs findet sofortige Beschwerde statt.

Ist der Beschlufs rechtskräftig geworden, so hat, falls die Voruntersuchung auf Antrag der Staatsanwaltschaft eröffnet war, der Untersuchungsrichter eine Anklageschrift einzureichen. Ist die Voruntersuchung auf Antrag des Privatklägers eröffnet, so kann auf dessen Antrag der Untersuchungsrichter die Einreichung der Anklageschrift übernehmen.

29. Die §§ 196—211 sind zu streichen.

30. Zu § 212 ist hinzuzufügen:

Die Anberaumung kann nur abgelehnt werden aus den im § 178 Ziffer 1 bis 3 bezeichneten Gründen. Hierzu bedarf es eines Beschlusses des Gerichtes.

Gegen den Beschlufs hat derjenige, der die Anklage erhoben hat, das Recht der sofortigen Beschwerde.

31. Hinter § 212 ist einzuschalten:

§ 212a.

Gegen den Beschlufs, durch welchen Termin zur Hauptverhandlung angesetzt ist, hat der Angeklagte das Recht der sofortigen Beschwerde. Dieselbe kann nur auf die im § 178 Ziffer 1—3 bezeichneten Gründe gestützt werden.

32. § 214 ist zu streichen.

33. § 216 Absatz 2 lautet:

Ist diese Frist nicht inne gehalten worden, so kann der Angeklagte die Aussetzung der Verhandlung verlangen, solange nicht mit seiner Vernehmung nach § 242 Absatz 3 begonnen ist.

34. Hinter § 226 ist einzuschalten:

§ 226a.

Hat eine Voruntersuchung stattgefunden, so tritt eine Mitwirkung der Staatsanwaltschaft an der Hauptverhandlung nicht ein, deren Aufgaben sind vielmehr, falls die Voruntersuchung auf Antrag der Staatsanwaltschaft eröffnet war, von dem Untersuchungsrichter wahrzunehmen.

35. Hinter § 236 ist einzuschalten:

§ 236a.

Die Verhandlung und Entscheidung erstreckt sich nur auf die in der Anklage bezeichnete Tat und auf die durch die Anklage beschuldigten Personen. Innerhalb dieser Grenzen (wie im § 135 Absatz 2).

36. Hinter § 236a ist einzuschalten:

§ 236b.

Die Anklage kann nach Eröffnung der Hauptverhandlung nicht mehr zurückgenommen werden.

37. Hinter § 236b ist als § 236c der jetzige § 211 einzuschalten, jedoch unter Streichung der Worte: «und ohne Entscheidung über die Eröffnung der Hauptverhandlung».

38. § 242 Absatz 2 lautet:

Hieran schliefst sich die Vernehmung des Angeklagten über seine persönlichen Verhältnisse und die Verlesung der Anklageschrift sowie deren mündliche Begründung durch die Staatsanwaltschaft. Ist seitens des Angeklagten eine Gegenerklärung auf die Anklage überreicht, so ist diese zu verlesen. In jedem Falle ist dem Angeklagten und seinem Verteidiger gestattet, sich über die Anklage zu äufsern.

39. Hinter § 245 ist einzuschalten:

§ 245a.

Erscheint es zur Aufklärung der Sache erforderlich, so kann das Gericht eine Ergänzung der Voruntersuchung oder, falls eine Voruntersuchung nicht stattgefunden hat, die Eröffnung einer solchen anordnen.

Hat eine Voruntersuchung stattgefunden, so hat, falls eine Beweisaufnahme beschlossen wird, die nicht bereits in der Voruntersuchung erfolgt ist, sowohl die Staatsanwaltschaft wie der Angeklagte das Recht, die Ergänzung der Voruntersuchung zu beantragen. Dem Antrage ist stattzugeben, falls nicht das Gericht als nachgewiesen ansieht, dafs die Unterlassung der Voruntersuchung eine Beeinträchtigung der Interessen der Strafverfolgung bezw. der Verteidigung nicht zur Folge haben werde.

40. Im § 265 sind die Worte: «das Hauptverfahren wider ihn eröffnet» zu ersetzen durch: «die Anklage gegen ihn erhoben».

41. Im § 270 ist Absatz 2 zu streichen, und als Absatz 4 beizufügen:

Nach der Rechtskraft des Beschlusses ist von dem für zuständig erklärten Gerichte ebenso zu verfahren, als ob die Anklage bei ihm erhoben wäre.

42. Im § 332 sind die Worte: «gegen welchen die öffentliche Klage erhoben ist» zu streichen.

43. Im § 336 ist statt der Worte: «nach Erhebung der öffentlichen Klage» zu setzen: »Nach Erhebung der Anklage».

44. Im § 416 sind die Worte: «öffentliche Klage» zu ersetzen durch: «Anklage».

45. Im § 417 ist als Absatz 4 hinzuzufügen:

Hat eine Untersuchung stattgefunden, so tritt eine Mitwirkung der Staatsanwaltschaft nicht ein; deren Befugnisse sind von dem Untersuchungsrichter wahrzunehmen.

46. § 423 lautet:

Nach Eingang der Erklärung des Beschuldigten oder Ablauf der Frist ist nach Mafsgabe des § 212 zu verfahren.

47. Im § 424, 425 und 430 Absatz 1 und 3 ist das Wort «Klage» durch «Anklage» zu ersetzen.

48. Im § 425 ist hinter dem Worte «Staatsanwaltschaft» einzuschalten: «bezw. Untersuchungsrichter».

49. Hinter § 446 ist einzuschalten: Dritter Abschnitt Sonstige Mitwirkung des Verletzten.

§ 446a.

Ist eine strafbare Handlung gegen das Leben, die Gesundheit, die Freiheit, den Personenstand oder die Vermögensrechte einer Privatperson gerichtet (§ 435) so ist in allen Fällen, in denen die Staatsanwaltschaft die Strafverfolgung betreibt, der Verletzte zur Teilnahme an dem Verfahren berechtigt.

Er ist befugt, an allen Verhandlungen teilzunehmen, an denen teilzunehmen die Staatsanwaltschaft berechtigt ist. Ist die Staatanwaltschaft in einem Termine, in welchem der Verletzte teilnimmt, nicht vertreten, so ist der letztere berechtigt, alle diejenigen Erklärungen abzugeben und diejenigen Anträge zu stellen, zu deren Abgabe bezw. Stellung die Staatsanwaltschaft befugt sein würde. Ebenso hat der Verletzte das Recht, aufserhalb der Verhandlungen alle das Verfahren betreffenden

Erklärungen abzugeben und Anträge zu stellen, soweit nicht diese mit Erklärungen und Anträgen der Staatsanwaltschaft im Widerspruche stehen.

Hat eine Voruntersuchung stattgefunden, so ist der Verletzte berechtigt, an der Hauptverhandlung teilzunehmen und alle Erklärungen abzugeben und Anträge zu stellen, soweit dieselben nicht mit Erklärungen und Anträgen des Untersuchungsrichters im Widerspruche stehen.

§ 446b.

Der Verletzte ist von allen Terminen, in denen er zu erscheinen berechtigt ist, zu benachrichtigen. Er ist befugt, sich des Beistandes eines Rechtsanwaltes zu bedienen, durch diesen das Recht der Akteneinsicht auszuüben und sich in den Terminen durch andre Personen vertreten zu lassen.

§ 446c.

Beteiligt sich der Verletzte an dem Verfahren, so ist ihm neben Entschädigung für seine baren Auslagen eine angemessene Vergütung für Zeitversäumnis und Mühewaltung zu gewähren.

Bedient sich der Verletzte eines Rechtsanwalts oder läfst er sich durch einen solchen oder durch eine andre Person vertreten, so ist dem Rechtsanwalte oder dem Vertreter eine Vergütung zu gewähren, sofern die Vertretung oder Zuziehung zur zweckentsprechenden Rechtsverfolgung erforderlich war.

Begründung.

I. Allgemeines.

Wegen der Begründung meiner Vorschläge beziehe ich mich im allgemeinen auf meinen in Bremen gehaltenen Vortrag, der auch als selbständige Broschüre erschienen ist.*)

Die gegen die Voruntersuchung erhobenen Vorwürfe erkenne ich in vollem Mafse an, insbesondere auch den, dafs der Untersuchungsrichter nicht das ist, was er sein sollte, nämlich ein richterliches Organ, sondern ein solches der Straf-

*) W. Kulemann. Die Reform der Voruntersuchung. Berlin 1903. J. Guttentag.

verfolgung. Aber aus der Mangelhaftigkeit der Voruntersuchung würde der Vorschlag, diese abzuschaffen, sich nur dann als logische Folge ergeben, wenn

1. die bestehenden Mängel nicht zu beseitigen sind und
2. die Voruntersuchung nicht selbst in ihrer mangelhaften Form noch besser ist, als der vorgeschlagene Ersatz.

Ich will dies näher ausführen.

1. Stellen wir uns zunächst auf den Standpunkt, es solle in der Stellung des Untersuchungsrichters nichts geändert werden. Dann ist es allerdings widerspruchsvoll, die Aufgaben der Strafverfolgung innerhalb desselben Verfahrens zwei Personen in der Weise anzuvertrauen, dafs beide nebeneinander tätig werden. Das bedeutet, ganz abgesehen von der inneren Unwahrheit, ein Strafverfolgungsorgan als Richter zu bezeichnen und dadurch eine Unklarheit herbeizuführen, mindestens eine Kraftvergeudung. Aber aus dem Gesagten folgt nur, dafs es unrichtig ist, Staatsanwalt und Untersuchungsrichter nebeneinander tätig sein zu lassen, nicht aber, dafs man nicht aufser dem Staatsanwalt noch ein zweites Organ der Strafverfolgung beibehalten soll und dafs die beiden in verschiedenen Abschnitten des Verfahrens tätig werden. Wie die Aufgaben der Staatsanwaltschaft trotz ihrer Einheitlichkeit bei den verschiedenen Instanzen von verschiedenen Personen wahrgenommen werden, so kann dies auch hinsichtlich der verschiedenen Teile des Verfahrens vor demselben Gerichte geschehen. Wie ich in meiner Broschüre Seite 48 ausgeführt habe, ist der Staatsanwalt so sehr mit allerhand minderwertigen Arbeiten überhäuft, dafs es ihm auf das Äufserste erschwert ist, den wenigen Untersuchungen, die eine gründliche Bearbeitung erfordern, seine volle Arbeitskraft zu widmen. Deshalb ist es dringend erwünscht, wenn er diese Untersuchungen an eine Person abgibt, die nicht durch solche kraftverzehrenden Nebenarbeiten in Anspruch genommen ist und sich deshalb ihnen in ausgiebiger Weise widmen kann. Da der Ausdruck Untersuchungsrichter irreführend ist, so nenne man diese Person Untersuchungsbeamter. Aber das ändert nichts daran, dafs dieser Beamte neben dem Staatsanwalte bestehen kann und im wesentlichen die Aufgabe des jetzigen Untersuchungsrichters zu lösen hat.

2. Aber es entsteht doch auch die fernere Frage, ob es nicht richtiger ist, anstatt die Voruntersuchung wegen der ihr anhaftenden Mängel abzuschaffen, lieber diese Mängel zu beseitigen. Ist der heutige Untersuchungsrichter kein Richter, sondern Organ der Strafverfolgung, so fragt es sich, worauf dies beruht. Der Grund liegt zweifellos nicht in dem aus dem Inquisitionsprozesse übernommenen Grundsatze, dafs ihm die Erforschung der materiellen Wahrheit obliegt (Offizialmaxime im Gegensatz zur Verhandlungsmaxime), denn dieser Grundsatz gilt auch für die Hauptverhandlung, da, wie die Motive zur Strafprozefsordnung richtig ausführen, man nur die Anklageform, nicht aber das Anklageprinzip angenommen hat. (Vergl. meine Broschüre Seite 40), Ja, bekanntlich stehen im Zivilprozesse gewisse Teile, insbesondere die Ehe- und Statusklagen unter der Herrschaft der Offizialmaxime, ohne dafs dadurch die richterliche Stellung beeinträchtigt wird. Nein, nicht im Prinzip des Strafprozesses ist der Grund für die falsche Stellung des Untersuchungsrichters zu finden, sondern in dem fehlenden Parteigegensatze. Die Stellung des Richters erfordert Parteien, zwischen denen er entscheiden soll, womit freilich nicht gesagt ist, dafs beide Parteien egoistische Interessen verfolgen müssen, obgleich dies das Naturgemäfse ist. Kann dem Untersuchungsrichter diese Stellung zwischen zwei Parteien gegeben werden, d. h. ist es möglich, die Voruntersuchung contradictorisch zu gestalten, so ist der Hauptgesichtspunkt, aus dem man die Abschaffung der Voruntersuchung fordert, aus der Welt geschafft.

Bei jedem Strafprozesse ist nun eine Person mit natürlichem Interesse vorhanden, nämlich der Täter bezw. der Verdächtige, der den Wunsch hat, sich der Bestrafung zu entziehen. Bei der grofsen Mehrzahl von Straftaten gibt es aber auch noch eine andre Person mit natürlichem, und zwar entgegengesetzem Interesse, nämlich den Verletzten, der aus menschlichen und nicht tadelnswerten Gründen bestrebt ist, die Sühnung des ihm widerfahrenden Unrechts durch Bestrafung des Täters herbeizuführen. Diesen natürlichen Interessengegensatz gilt es für die Konstruktion des Verfahrens zu verwerten, um die Voruntersuchung contradictorisch und dadurch den Untersuchungsrichter zu einem wahren Richter zu machen. Dafs auch der Staat an der Verfolgung von Straftaten interessiert ist, bietet hierbei ebensowenig ein Hindernis, wie in der Hauptverhandlung und bei den Ehe- und Statusklagen des Zivilprozesses, sondern zwingt nur, für den Fall Vorsorge zu treffen, dafs der Verletzte das Interesse der Strafverfolgung nicht ausreichend wahrnimmt.

Nun gibt es freilich nicht überall einen Verletzten in dem hier erörterten Sinne, und zwar ist er entweder durch die Natur der Straftat ausgeschlossen, da sich diese nicht gegen eine bestimmte Person richtet, oder er ist nicht im Stande oder nicht gewillt, die Verfolgung zu übernehmen. Für diese Fälle mufs die Staatsanwaltschaft eintreten. Aber mag nun der Verletze oder der Staatsanwalt die Verfolgung betreiben, in beiden Fällen ist der Parteigegensatz, der erforderlich ist, um dem Untersuchungsrichter die Stellung eines Richters zu geben, vorhanden, und es besteht daher keine Schwierigkeit, die Voruntersuchung kontradiktorisch zu gestalten. (Vergl. zu dieser Ausführung meine Broschüre Seite 53 ff.).

Für die Frage der Beseitigung der Voruntersuchung kommt aber noch wesentlich und vielleicht ausschlaggebend ein anderer Gesichtspunkt in Betracht, nämlich nach dem mit ihr verfolgten Zwecke. Die heutige St.P.O. will grundsätzlich nur eine einmalige Prüfung des Beweismaterials und mufs deshalb Gewicht darauf legen, dieses so frisch wie möglich dem erkennenden Gerichte vorzulegen. Da mehrfache Vernehmungen den Zeugenaussagen die ursprüngliche Frische und Unmittelbarkeit nehmen, so ist jede doppelte Vernehmung ein Übel. Ebenso trägt man Sorge, dafs die erkennenden Richter vorher möglichst noch nichts von der ganzen Sache wissen. Aber es ist die Frage, ob eine einmalige Vorführung des Beweismaterials genügt. Bekanntlich wollte der Leonhardtsche Entwurf auch für den Zivilprozefs die Berufung ausschliefsen, und wenn man das abgelehnt hat, so ist es auffällig, dafs man nicht auch im Strafprozesse eine zweite Instanz eingeführt hat. Die Frage der Berufung soll hier nicht erörtert werden, aber sie bietet einen Berührungspunkt mit unserem Thema, den wir verfolgen müssen.

Die mit der Berufung gegebene zweimalige Vorführung

des Tatsachenmaterials hat einen doppelten Zweck, nämlich einerseits für den Richter und anderseits für die Parteien. Dem ersten Zwecke, den Richter mit den Tatsachen vertraut zu machen, ist vielleicht dadurch Genüge zu leisten, dafs man ihn in der unten (§ 242) näher zu erörternden Weise auf die Beweisaufnahme vorbereitet, wenigstens mag die Frage, ob dies genügend ist, um eine zweite Instanz entbehrlich zu machen, hier dahingestellt bleiben. Aber dann bleibt noch die zweite Aufgabe: auch die Parteien müssen das Beweismaterial, insbesondere so weit es von der Gegenpartei vorgebracht wird, zweimal vorgeführt erhalten, um gegen Überraschungen gesichert zu sein und ihren Standpunkt ausreichend vertreten zu können. Dies gilt in erster Linie für den Angeklagten, aber auch für den Staatsanwalt. Sammeln, wie es bei Fortfall der Voruntersuchung geschieht, sowohl der Staatsanwalt, wie der Angeklagte einseitig ihr Beweismaterial, so wird nicht allein sehr häufig eine Vertagung der Hauptverhandlung erforderlich sein, sondern trotz solcher Vertagungen ist keine ausreichende Garantie gegen ungenügende Vorbereitung eines der beiden Streitteile, vielmehr die grofse Gefahr ungerechter Urteile gegeben. Findet doch sogar im Zivilprozesse eine zweimalige Prüfung der Tatsachen statt, obgleich dort die Beweiserhebung regelmäfsig in eine Anzahl von Terminen zerfällt und deshalb eine Überraschung der Parteien ziemlich ausgeschlossen ist. Bei Fortfall der Voruntersuchung ist eine Berufungsinstanz ganz unabweislich.

Nun bietet sich aber die Möglichkeit der Abhülfe auch auf einem anderen Wege, nämlich durch eine Ausgestaltung der Voruntersuchung. Der Zweck einer zweimaligen Vorführung des Tatsachenmaterials läfst sich offenbar nicht blofs dadurch erreichen, dafs man auf die erste entscheidende Instanz eine ebenso konstruierte Berufungsinstanz folgen läfst, sondern ebensogut dadurch, dafs man ihr eine «Generalprobe», wie ich es in meinem Vortrage nannte, vorangehen läfst. Diese Aufgabe mufs die Voruntersuchung übernehmen. Dazu bedarf sie allerdings einer Umgestaltung, da sie, wie schon bemerkt, heute diesen Zweck nicht verfolgt, sondern nur die Entscheidung darüber vorbereiten soll, ob die Hauptverhandlung zu eröffnen oder das Verfahren einzustellen ist (§ 139). Aber die erforderliche Änderung bleibt eigentlich nur auf dem Papiere, denn tatsäcclich wird schon heute die Voruntersuchung ebensoweit ausgedehnt, wie sie es zu dem von mir bezeichneten Zwecke mufs; es werden alle zur Aufklärung der Sache erforderlichen Beweise erhoben, genau ebenso, wie wenn es die Aufgabe wäre, nach Abschlufs der Voruntersuchung sofort das Urteil zu fällen. Es handelt sich also nur darum, dieses bisher ungesetzliche Verfahren gesetzlich vorzuschreiben (vergl. meine Broschüre Seite 18, 27). Ich verweise übrigens auch auf den Aufsatz von Mugdan in «Recht» VIII Seite 11 ff., in welchem aus dem Gesichtspunkte, dafs der jetzige Eröffnungsbeschlufs ungenügend sei, ebenfalls eine das ganze Beweismaterial umfassende öffentliche und mündliche Verhandlung vor dem Gerichte als Vorbereitung der Hauptverhandlung gefordert wird.

II. Bemerkungen zu den einzelnen Vorschlägen.

Vorbemerkung A.

Um der Besprechung eine feste Grundlage zu geben, war es erforderlich, die zu machenden Vorschläge in die Form eines Gesetzentwurfes zu bringen. Aber da es doch andererseits keinen Zweck hat, auf die rein legislativ-technische Seite grofses Gewicht zu legen, solange es noch zweifelhaft ist, ob über den Inhalt der Vorschläge eine Verständigung zu erzielen ist, so habe ich es nicht als meine Aufgabe angesehen, den Entwurf in formeller Hinsicht so sorgfältig auszuarbeiten, dafs er als Vorlage für ein Gesetz dienen könnte.

Vorbemerkung B.

Die von mir geforderte Beteiligung des Verletzten am Verfahren würde, wie oben ausgeführt, eine völlige Umgestaltung der Voruntersuchung mit sich bringen, indem im Falle ihrer Annahme die Staatsanwaltschaft aus derselben ganz ausscheiden würde. Da ich nun aber nicht vorher wissen kann, ob dieser mein grundsätzlicher Standpunkt Billigung finden wird, und da ich verhüten will, dafs, falls dies nicht zutreffen sollte, auch meine übrigen Vorschläge hinfällig werden, so schien es mir richtiger, mich zunächst auf den Boden des heutigen Systems zu stellen und die Änderungen, die durch die Beteiligung des Verletzten bedingt sein würden, in einem besonderen Abschnitte zusammenzustellen, dessen Hineinarbeitung in die übrigen Bestimmungen für diesen Fall vorbehalten bleiben mufs.

1. (§ 112.) Die willkürliche Unterscheidung zwischen Verbrechen und Vergehen darf keinen Grund dafür bilden, von einem Fluchtverdachte als Erfordernis der Verhaftung abzusehen. Wenn jemand zu den Personen unter Ziffer 2 gehört, so wird das im allgemeinen ausreichen, einen Fluchtverdacht zu begründen, aber wo es nicht zutrifft, ist kein Grund zur Verhaftung vorhanden. Deshalb liegt zu einer Ansnahmebehandlung kein Grund vor. Auch in Ziffer 3 ist Fluchtverdacht zu fordern.

2. (§ 112 a.) Es wird mehrfach mit Recht geltend gemacht, dafs Kollusionen häufig nicht von dem Angeklagten selbst, sondern von seinen Angehörigen verübt werden. Es ist nicht abzusehen, weshalb es der Staat ruhig ansehen soll, wenn die seiner Gewalt unterworfenen Personen böswillig den von ihm für wichtig gehaltenen Interessen entgegenwirken. Eine solche Tätigkeit wird übrigens fast immer zugleich als Begünstigung strafbar sein, so dafs auch gegen die die Kollusion betreibenden Dritten ein strafprozessualisches Einschreiten zulässig sein würde.

3. (§ 136.) Vgl. Seite 39 meiner Broschüre.

4. (§§ 151—155.) Darüber, dafs die Konstruktion der Voruntersuchung als öffentlicher Klage verfehlt ist, vgl. meine Broschüre Seite 45. Aus dieser Konstruktion folgt, dafs die Voruntersuchung nur gegen eine bestimmte Person eröffnet und nicht zurückgenommen werden kann, sowie, dafs nach ihrem Abschlusse nicht die Staatsanwaltschaft, sondern das Gericht über das weitere Verfahren zu beschliefsen hat. Es sind deshalb alle auf die «öffentliche Klage» bezüglichen Bestimmungen zu streichen, so dafs als solche nur noch die von der Staatsanwaltschaft erhobene Anklage in Betracht kommt. Dementsprechend ist als Überschrift des II. Abschnittes: «Vorbereitendes Verfahren» zu setzen. Der Inhalt des § 152 ist

als § 156a berücksichtigt. Die im § 155 eingeführte Titulatur ist überflüssig. Man wird künftig stets einfach von dem «Beschuldigten» sprechen können, doch, habe ich davon abgesehen, dies durchzuführen.

5. (§ 156a.) Vgl. vorstehende Bemerkung.

6. (§ 167 Absatz 1.) Da nach meinem Vorschlage die ganze Voruntersuchung öffentlich sein, dies aber für das vorbereitende Verfahren nicht gelten soll, so mufste die Verweisung auf die Voruntersuchung in § 167 gestrichen, aber der Inhalt der jetzigen Vorschrift hier aufgenommen werden.

7. (§ 168.) Die Änderung beruht darauf, dafs der Antrag auf Voruntersuchung nicht mehr als «öffentliche Klage» anzusehen ist.

Wegen Absatz 3 vgl. meine Broschüre Seite 45.

8. (§ 169.) Die Änderung ist lediglich Folge der Änderung zu 4. Die Benachrichtigung des Antragstellers erscheint zweckmäfsig, damit er in der Lage ist, seine Rechte wahrzunehmen.

9. (§ 172.) Dies ist ebenfalls lediglich Folge der Änderung zu 4.

10. (§ 173.) Desgleichen.

11. (§ 176.) Darüber, dafs kein Grund vorliegt, die Voruntersuchung bei Schwurgerichtssachen bedingungslos zu fordern, sie aber bei schöffengerichtlichen und Privatklagen bedingungslos auszuschliefsen, vgl. meine Broschüre Seite 46.

12. (§ 177.) Aus der falschen Konstruktion der Voruntersuchung als öffentlicher Klage folgt die jetzige Bestimmung, dafs die Voruntersuchung nur möglich ist, wenn die Person des Beschuldigten feststeht. Diese Einschränkung ist zu beseitigen; vgl. darüber Broschüre Seite 46. Da künftig auch bei Privatklagen die Voruntersuchung zulässig sein soll, so ist dem Privatkläger das Recht zu geben, sie zu beantragen, da kein Grund vorliegt, hier die Staatsanwaltschaft einzuschieben.

13. (§ 178.) Die Ziffern 1—3 entsprechen der jetzigen Bestimmung mit der Mafsgabe, dafs der Antrag wegen Unzulässigkeit der Voruntersuchung nicht abgelehnt werden kann, da es einen Fall dieser Art künftig nicht gibt. Ziffer 4 ist aufgenommen, weil bei Anträgen des Privatklägers ein Prüfungs-

recht des Untersuchungsrichtees in der Richtung, ob ein ausreichender Verdacht vorliegt, nicht entbehrt werden kann. Ob man ihm ein gleiches Recht auch bei Anträgen der Staatsanwaltschaft geben soll, kann zweifelhaft sein, doch scheint es unbedenklich, beide Fälle gleichzustellen.

14. (§ 178a.) Um ausdrücklich hervorzuheben, dafs die Voruntersuchung künftig auch dann zulässig ist, wenn eine bestimmte Person als Verdächtiger nicht bezeichnet werden kann, erscheint der vorgeschlagene § 178a zweckmäfsig. Derselbe ist der Bestimmung des § 205 über den Eröffnungsbeschlufs nachgebildet.

15. (§ 179.) Die neue Fassung entspricht inhaltlich der bisherigen und nimmt nur Rücksicht darauf, dafs künftig der Antrag auf Voruntersuchung auch von dem Privatkläger gestellt werden kann. Ein Beschwerderecht auch wegen mangelnder Verdachtsgründe zu geben, erscheint nicht erforderlich, da die Voruntersuchung künftig keinen prinzipiell anderen Charakter trägt, als das vorbereitende Verfahren.

16, 17. (§§ 180 u. 181.) Mit Rücksicht auf die Beseitigung des Charakters der Voruntersuchung als öffentlicher Klage scheint das komplizierte Beschwerdesystem der §§ 179 bis 181 nicht erforderlich. Es genügt, dafs sowohl gegen die Eröffnung der Voruntersuchung (§ 179) als auch gegen ihre Ablehnung (§ 180) Beschwerde gegeben wird. Dafs die Beschwerde keine aufschiebende Wirkung hat, folgt aus § 349.

18. Über die Öffentlichkeit vgl. meine Broschüre Seite 11 ff.

19. (§ 186.) Über die Protokolle vgl. Broschüre Seite 19 bis 22. Sie sollen künftig den Inhalt der Aussagen nur in derselben knappen Form wiedergeben, wie die jetzigen schöffengerichtlichen Protokolle, da sie nur den Zweck haben, einerseits einen Anhaltspunkt dafür zu geben, welche Zeugen zur Hauptverhandlung zu laden sind und andererseits dem Vorsitzenden die Leitung der Verhandlung zu erleichtern.

20. (§ 188.) Im Gegensatze zu der bisherigen Vorschrift, dafs die Voruntersuchung nur den Zweck habe, eine Entschliefsung darüber zu ermöglichen, ob die Hauptverhandlung zu eröffnen sei, lege ich das gröfste Gewicht darauf, dafs das gesamte Material zweimal vorgeführt wird, da nur

auf diese Weise die Gründe wegfallen, aus denen man andernfalls die Berufung fordern müfste. Vgl. Broschüre Seite 17. Deshalb ist in § 188 vorgeschlagen, dafs in der Voruntersuchung alle zur Aufklärung der Sache erforderlichen Beweise zu erheben sind.

21. (§ 189.) Die vorgeschlagenen Änderungen sind nur die Folge davon, dafs künftig auch der Privatkläger die Voruntersuchung beantragen darf.

22. (§ 190.) Die vorgeschlagenen Änderungen sind nur eine Folge davon, dafs die Voruntersuchung nicht gegen eine bestimmte Person eröffnet zu werden braucht.

23. (§ 191.) Während bisher die Parteienöffentlichkeit auf die in § 191 Absatz 1 und 2 bezeichneten Termine beschränkt war, soll sie künftig allgemein stattfinden. Vgl. Broschüre Seite 11 ff. Die Fassung nimmt darauf Rücksicht, dafs einerseits künftig auch der Privatkläger die Voruntersuchung beantragen kann, und dafs andererseits deren Eröffnung auch dann zulässig ist, wenn ein bestimmter Verdächtiger noch nicht bezeichnet werden kann.

24. (§ 191 a.) Da die Voruntersuchung die Aufgabe hat, eine Art Generalprobe der Hauptverhandlung zu bilden (vgl. Broschüre Seite 18), so müssen auch die für die Hauptverhandlung mafsgebenden Vorschriften der §§ 238 und 240 hier Platz greifen. Da die Protokolle als Unterlage für Beschwerden nur geringe Bedeutung haben, so müssen alle der Beschwerde unterliegenden Beschlüsse mit Gründen versehen werden, die eine Nachprüfung des Beschwerdegerichts ermöglichen.

25. (§ 192). Der Zusatz folgt aus der Parteienöffentlichkeit der Voruntersuchung und ihrem Zwecke, eine doppelte Vorführung des Tatsachenmaterials zu sichern.

26. (§ 194). Die Änderung ist eine Folge der vorgeschlagenen Parteienöffentlichkeit der Voruntersuchung und des Umstandes, dafs auch der Privatkläger sie beantragen darf. Das Recht der Akteneinsicht ist auch neben dem Rechte, der Verhandlung beizuwohnen, von Bedeutung.

27. (§ 194a). Der Grundsatz der Parteienöffentlichkeit mufs für den Fall eine Durchbrechung erleiden, dafs der Angeklagte kollusionsverdächtig ist und dies in dem Erlasse des Haft-

befehls zum Ausdruck gebracht ist. In diesem Falle ist er von der Akteneinsicht und von der Anwesenheit bei der Beweisaufnahme, soweit diese nicht eine Auticipation der Hauptverhandlung darstellt, auszuschliessen. Natürlich wird hierdurch dem Rechte des Verteidigers kein Abbruch getan.

Die vorgeschlagene Bestimmung geht weiter als § 192, indem dort die Ausschliefsung von der Anwesenheit bei der Vernehmung eines einzelnen Zeugen geschieht und der Inhalt der Aussage dem Angeklagten nach Beendigung der Vernehmung mitgeteilt werden mufs.

28. (§ 195). Da der Eröffnungsbeschlufs fortfällt, so mufs eine anderweite Prüfung darüber stattfinden, ob das Verfahren einzustellen, oder die Hauptverhandlung zu eröffnen sei. Ganz unvermeidlich ist dies für den Fall der Privatklage, aber auch wenn der Staatsanwalt die Voruntersuchung beantragt hat, so ist es ratsam, nicht ihm, sondern dem Untersuchungsrichter die Entscheidung über die Eröffnung des Hauptverfahrens zu übertragen, da er die bessere Sachkenntnis besitzt. Aufserdem ist es nur dann möglich, der Entscheidung eine kontradiktorische Verhandlung der Parteien vorangehen zu lassen, was dringend erwünscht ist. Sollten meine Vorschläge über die Beteiligung des Verletzten Beifall finden und deshalb der Staatsanwalt aus der Beteiligung an der Voruntersuchung in der Regel ausscheiden, so wäre selbstverständlich eine Entscheidung über die Eröffnung des Hauptverfahrens seitens des Untersuchungsrichters garnicht zu entbehren.

Die Vertretung der Anklage in der Hauptverhandlung wird aus demselben Grunde, nämlich wegen der besseren Kenntnis des Materials, besser in die Hände des Untersuchungsrichters, als in diejenigen des Staatsanwaltes gelegt. Auch für den Militärstrafprozefs ist die Einrichtung getroffen, dafs der Gerichtsoffizier, der die Untersuchung geführt hat, die Anklage in der Hauptverhandlung vertritt. Für das Privatklageverfahren ist dem Untersuchungsrichter freie Hand zu lassen, ob er auf Antrag des Privatklägers die Vertretung der Anklage in der Hauptverhandlung übernehmen will oder nicht.

20. (§ 196—211). Über die Nutzlosigkeit des jetzigen Eröffnungsbeschlusses vergl. meine Broschüre Seite 23.

30. (§ 212). Hat eine Voruntersuchung stattgefunden, so soll nach § 195 der Untersuchungsrichter über die Eröffnung des Hauptverfahrens entscheiden. Aber auch ohne vorangegangene Voruntersuchueg ist eine Entscheidung dann erforderlich, wenn es sich um die Beurteilung von Rechtsfragen handelt. Es wäre widersinnig, dem Gerichte die Mühe und dem Staate die Kosten einer Hauptverhandlung zuzumuten, wenn das Gericht auch bei Zugrundelegung der von der Anklage behaupteten Tatsachen der Ansicht ist, dafs eine strafbare Handlung nicht vorliegt. Diese Entscheidung kann grundsätzlich nur das Gericht treffen, aber da Fälle dieser Art äufserst selten sind, so wäre es unzweckmäfsig, stets einen Gerichtsbeschlufs zu fordern, es genügt vielmehr, dem Vorsitzenden zur Pflicht zu machen, falls er Zweifel hinsichtlich der rechtlichen Beurteilung hegt, einen Gerichtsbeschlufs herbeizuführen.

31. (§ 212a). Soweit ein Zweifel in rechtlicher Beziehung möglich ist, empfiehlt es sich, um eine nutzlose Hauptverhandlung tunlichst zu vermeiden, auch dem Angeklagten ein Beschwerderecht zu geben.

32. (§ 214). Folgt aus dem Wegfall des Eröffnungsbeschlusses.

33. (§ 216). Desgleichen.

34. (§ 226a). Wenn der Untersuchungsrichter die Anklage vertritt, so ist für eine Mitwirkung der Staatsanwaltschaft kein Raum.

35. (§ 236a). Da § 153 in Wegfall gekommen ist, so mufs der dort ausgesprochene Grundsatz hier aufgenommen werden.

36. (§ 236b). Enthält die Vorschrift des jetzigen § 154.

36. (§ 236c). Enthält die Vorschrift des jetzigen § 211.

38. (§ 242). Die jetzige Vorschrift des § 242, dafs das Gericht aufser dem Eröffnungsbeschlusse von dem Inhalte der Anklage nichts erfährt, ist unnatürlich, ja unlogisch. Wenn ich Beweise, die mir vorgetragen werden, würdigen soll, so mufs ich vorher wissen, um welche Streitpunkte es sich handelt, damit ich aus der ganzen und meist recht ungeordneten Masse der Zeugenaussagen das für meinen Zweck erhebliche aussondern und meinem Gedächtnisse einprägen kann.

Diesem Erfordernisse wird heute keine Rechnung getragen, denn der Eröffnungsbeschlufs, also das einzige, was die erkennenden Richter heute vor der Beweisaufnahme erfahren, der in seiner formalisch-schematischen Blässe den Streitgegenstand kaum in seinen weitesten Grenzen bezeichnet, ist hierfür völlig ungeeignet, da er die Richter nicht in Stand setzt, der Beweisaufnahme mit Verständnis zu folgen und besonders bei den Zeugenaussagen die Punkte, auf die es ankommt, scharf ins Auge zu fassen. Es ist doch auch einfach naturgemäfs, dafs der Richter, den man zur Entscheidung eines Streites anruft, zunächst erfährt, worin denn der Streit besteht. Wie im Zivilprozesse keine Beweise erhoben werden, bevor nicht die Parteien ihren Standpunkt wechselseitig mündlich dargelegt haben, so sollte auch die Hauptverhandlung im Strafprozesse damit beginnen, dafs der Staatsanwalt seine Anklage begründet und der Angeklagte bezw. sein Verteidiger darauf anwortet. Erst dann ist der Richter vorbereitet, der Beweisaufnahme zu folgen.

Dafs man diesen einfachen psychologischen Grundsätzen keine Rechnung getragen hat, beruht, wie so vieles andere, auf einem angeblich geheiligten, in Wahrheit aber falsch verstandenen «Prinzip». Dafs das erkennende Gericht die Akten nicht kennen soll, ist eine berechtigte Forderung, da es nahe liegt, dafs, wer sie gelesen hat, sich ein Urteil schon auf Grund der schriflichen Verhandlungen bildet und deshalb nicht mehr unbefangen ist. Aber wenn der Ankläger seine Anklage mündlich vorträgt und unmittelbar darauf der Angeklagte dieselbe mündlich beantwortet, so kann doch von einer Beeinflussung durch schriftliche, also dem persönlichen Eindrucke entzogene Zeugenaussagen keine Rede sein.

39. (§ 245a.) Der Absatz 1 übernimmt die Vorschrift des bisherigen § 200. Der Absatz 2 zieht die Folge aus dem oben Gesagten, dafs in der Voruntersuchung grundsätzlich das gesamte Beweismaterial vorgeführt werden soll. Um einem übertriebenen Formalismus vorzubeugen, ist dem Gerichte die Befugnis zu Ausnahmen gegeben.

40. (§ 265.) Vergl. Ziffer 38.

41. (§ 270.) Ist Folge des Wegfalles des Eröffnungsbeschlusses.

42. (§ 232.) Da die Voruntersuchung nicht mehr als öffentliche Klage gilt, so ist es angezeigt, die jetzige Beschränkung fallen zu lassen.

43. (§ 336) Folgt aus der Beseitigung des Begriffes der öffentlichen Klage.

44. (§ 416.) Desgleichen.

45. (§ 417.) Folgt aus dem oben, Ziffer 34, Gesagten.

46. (§ 423.) Ist Folge aus der Beseitigung des Eröffnungsbeschlusses.

47. (§ 424 ff.) Vergl. Ziffer 4.

48. (§ 425.) Vergl. Ziffer 34.

III.

Beteiligung des Verletzten am Verfahren.

Die Stellung des Verletzten ist schon auf dem 1860 in Berlin abgehaltenen I. deutschen Juristentage Gegenstand eingehender Verhandlungen gewesen. Ebenso hat man sich bei den Beratungen der Strafprozeſsordnung im Reichstage gründlich mit der Frage beschäftigt. Nicht allein hatte die Regierungsvorlage in einer besonderen Anlage 4 der Begründung eine umfassende Darlegung ihres Standpunktes unter Mitteilung sehr ausführlichen gesetzgeberischen Materials gegeben, sondern die Kommission hat auch mehrere Sitzungen ausschlieſslich dieser Angelegenheit gewidmet.

In der bereits erwähnten Anlage 4 zur Begründung der Strafprozeſsordnung wird ausgeführt, die Auffassung des älteren deutschen Rechts, daſs der durch eine Straftat Verletzte sich selbst durch Klage Genugtuung zu verschaffen berechtigt sei, sei im Laufe der Zeit immer mehr zurückgedrängt, jemehr der Gedanke Boden gewonnen habe, daſs eine Verletzung des Strafgesetzes nicht nur ein Unrecht gegen den Beschädigten sei, sondern zugleich auch einen Angriff auf das Staatswesen in sich schlieſse und daſs es deshalb Aufgabe des letzteren sei, dem verletzten Gesetze durch Verfolgung des Übeltäters Achtung zu verschaffen. So sei die Privatklage allmählich fast ganz verschwunden. In neuerer Zeit habe sich aber eine Gegenbewegung geltend gemacht, und man habe insbesondere darauf hingewiesen, daſs es unrichtig sei, das

Recht des Verletzten auf Bestrafung des Verbrechers so völlig in dem gleichen Rechte der Staatsanwaltschaft aufgehen zu lassen, dafs es daneben garnicht mehr in Betracht komme. Der Entwurf habe nun einen Mittelstandpunkt eingenommen, indem er nicht allein abgelehnt habe, jedem, der eine Straftat zur Anzeige bringe, falls der Staatsanwalt die Verfolgung ablehne, das Recht zu einer solchen in der Art der römischen Popularklage einzuräumen, sondern auch, abgesehen von Ehrverletzungen und geringen Mifshandlungen, eine Privatklage nur insoweit gebe, wie das materielle Strafrecht selbst ein Privatinteresse anerkenne, nämlich da, wo die Bestrafung von einem Antrage abhängig gemacht sei und da, wo das Gesetz die Zuerkennung einer Bufse an dem Verletzten gestatte.

Demgemäfs lautete § 335 des Entwurfes:

> «Bei strafbaren Handlungen, deren Verfolgung nur auf Antrag eintritt, oder bei denen der Strafrichter neben der Strafe auf eine an den Verletzten zu erlegende Bufse erkennen kann, ist der Verletzte befugt, die Privatklage zu erheben, wenn die Staatsanwaltschaft die Erhebung der öffentlichen Klage ablehnt.»

In solchen Fällen war auch eine Voruntersuchung zugelassen, doch war für die Privatklage Anwaltszwang und Leistung einer Sicherheit für die der Staatskasse erwachsenden Kosten vorgeschrieben. Der Privatkläger konnte, nach Befinden sogar eidlich, als Zeuge vernommen werden, konnte aber die Klage bis zur Verkündung des Urteils mit der Wirkung zurücknehmen, dafs sie nicht von neuem erhoben werden durfte. Der Staatsanwalt war in jeder Lage des Verfahrens zur Mitwirkung berufen.

Bei den Beratungen in der Kommission standen sich die Anträge Gneist und Wolffson grundsätzlich gegenüber. Gneist wollte überall, wo der Staatsanwalt die Verfolgung ablehnte, dem Antragsteller, sofern er im Besitze der bürgerlichen Ehrenrechte ist, das Recht der Privatklage einräumen. Er und die seinen Standpunkt teilenden Abgeordneten, insbesondere Schwarze, machten geltend, dafs, obgleich bei der Strafverfolgung das öffentliche Interesse dem privaten vorgehen müsse, doch auch das letztere Berücksichtigung verdiene, dafs man freilich nicht gern jedermann zur Privatklage zulassen möge, dafs aber eine Abgrenzung der Berechtigung hierzu nicht durchführbar sei. Dem Anklagemonopol des Staatsanwaltes dadurch ein Gegengewicht zu geben, dafs man dem Verletzten das Recht auf richterliche Entscheidung einräume,*) sei nicht angängig, indem man dadurch das Gericht zum Faktor der Anklage mache. Die Gegner beanstandeten hauptsächlich die Form der Popularklage, die auch von den Vertretern der Regierung entschieden abgelehnt wurde, während die letzteren erklärten, dafs sie sonst hinsichtlich der Abgrenzung des Kreises der zur Privatklage zuzulassenden Verletzten gern zum Entgegenkommen bereit sein würden.

Es ist nicht möglich, hier näher auf die Verhandlungen einzugehen, aber schon das Gesagte wird zeigen, dafs die Verwirklichung des Gedankens, dem Verletzten einen weitergehenden Einflufs auf das Verfahren einzuräumen, in erster Linie daran gescheitert ist, dafs Gneist die Popularklage forderte und dafs man sich über den Begriff des «Verletzten» nicht verständigen konnte.

Aber auch noch ein anderer Mangel des Gedankenganges tritt bei den Verhandlungen hervor. Man hat nämlich die beiden Formen: Strafverfolgung durch den Staatsanwalt oder durch den Verletzten als zwei sich ausschliefsende Gegensätze behandelt und nur erwogen, welcher von beiden Standpunkten entweder überhaupt oder für gewisse Straftaten vorzuziehen sei, aber man hat garnicht bedacht, dafs es doch sehr wohl denkbar ist, beide Gedanken zu kombinieren. Da man darüber einig war, dafs in dem Verfahren auf erhobene Privatklage die Staatsanwaltschaft zur Mitwirkung befugt sein sollte, so lag es doch nahe genug, dies dahin zu ergänzen, dafs auch umgekehrt, falls der Staatsanwalt die Strafverfolgung betreibt, dabei dem Verletzten eine Beteiligung gestattet würde. Dafs man auf diesen naheliegenden Gedanken nicht gekommen ist, mufs umsomehr auffallen, als derselbe vorher in der

*) Die jetzigen §§ 170 ff. waren in dem Entwurfe nicht enthalten, sondern sind erst durch den Antrag Wolffson in das Gesetz hineingebracht.

Literatur*) vertreten und bei den Beratungen des ersten Juristentages in dem Antrage zum Ausdruck gebracht war:

1. «Jedem Privatbeteiligten ist die Erhebung der Anklage in solchen Fällen gestattet, wo sich der Staatsanwalt dessen weigert.
2. In allen Fällen sind neben dem Staatsanwalte dem Privatbeteiligten die vollen Rechte einer Partei, welche nicht blofs die Zuerkennung einer Entschädigungssumme, sondern die Verurteilung des Angeklagten erstreben darf, einzuräumen.»

Ebenso enthielt der in der Begründung erwähnte im Jahre 1862 von der Kommission des preufsischen Abgeordnetenhauses aufgestellte Entwurf im § 11 folgende Bestimmung:

> «Demjenigen, welcher sich durch eine strafbare Handlung in seinen Rechten verletzt hält, steht das Recht zu, der seitens der Staatsanwaltschaft erhobenen Anklage beizutreten und selbständig Anträge auf Beweiserhebungen zu stellen. Er mufs auf sein Verlangen bei der Verhandlung der Sache über die Frage, ob die strafbare Handlung begangen und ob der Angeschuldigte der Täter sei, gehört werden. Die Beitrittserklärung, sowie die Anträge des Verletzten sind nur zu berücksichtigen, wenn sie durch einen mit Vollmacht versehenen Rechtsanwalt angezeigt bezw. gestellt werden.»

Wenn eine Straftat, wie es stets der Fall ist, die öffentliche Rechtsordnung und wenn sie ferner, was meistens zutrifft, daneben auch die Rechte einer bestimmten Privatperson verletzt, so ist doch in aller Welt nicht nötig, sich darüber zu streiten, ob der Staatsanwalt oder der Verletzte die Strafverfolgung betreiben soll, sondern das allein Logische ist, die aus den Verhältnissen sich ergebende Bundesgenossenschaft zwischen öffentlicher und privater Strafverfolgung darin zum Ausdruck zu bringen, dafs die Staatsanwaltschaft und der Verletzte zusammenwirken.

---

*) Insbesondere von Glaser in seinem «Prinzip der Strafverfolgung» und den «Gesammelten kleinen Schriften über Strafrecht, Zivil- und Strafprozefs», Wien 1888, 1. Seite 436.

Ich habe in meinen Vorschlägen zu § 446 a ff diese Gedanken zu verwirklichen gesucht. Was den Begriff des Verletzten betrifft, so habe ich mich an § 435, Absatz 2, der heutigen Strafprozefsordnung angeschlossen, ohne dafs ich damit der Frage vorgreifen will, ob man nicht die Grenzen weiter ziehen soll, während mir andererseits das völlige Fallenlassen jeder Grenze und der Übergang zur Popularklage nicht ratsam erscheint. Ebenso lasse ich als nicht unmittelbar mit meinem Thema zusammenhängend dahin gestellt, in welchem Umfange man dann, wenn der Staatsanwalt die Verfolgung ablehnt und deshalb der Fall der Bundesgenossenschaft nicht vorliegt, dem Verletzten das Recht der Privatklage geben und deshalb die jetzt in § 170 ff geregelte Befugnis, auf gerichtliche Entscheidung anzutragen, beseitigen soll.

Nach meinen Vorschlägen ist zwischen dem vorbereitenden Verfahren und der Voruntersuchung zu unterscheiden und ebenso hinsichtlich der Hauptverhandlung, ob die eine oder die andere Art der Vorbereitung stattgefunden hat. Im vorbereitenden Verfahren und der sich daran anschliefsenden Hauptverhandlung ist der Staatsanwalt der betreibende Faktor. Deshalb mufs der Verletzte in seinen Rechten soweit beschränkt sein, dafs er nicht mit Erklärungen und Anträgen der Staatsanwaltschaft im Widerspruch treten darf. Für die Voruntersuchung und die an sie sich anschliefsende Hauptverhandlung halte ich, wie schon in meiner Broschüre aufgeführt, gerade dann, wenn der Verletzte zur Beteiligung herangezogen wird, eine Mitwirkung der Staatsanwaltschaft nicht für erforderlich; gerade in deren Ausschaltung sehe ich einen aufserordentlich grofsen, praktischen Gewinn. In der Voruntersuchung selbst ist dann der Verletzte der natürliche Vertreter des Verfolgungsinteresses; dadurch ist dem Untersuchungsrichter die Rolle eines zwischen den natürlichen Parteien stehenden unabhängigen Richters zurückgegeben. In der Hauptverhandlung übernimmt der Untersuchungsrichter die Aufgabe, die bisher dem Staatsanwalte oblag, sodafs ihm gegenüber der Verletzte in die zweite Stelle tritt.

Für einen Anwaltszwang sehe ich kein Bedürfnis, dagegen mufs dem Verletzten gestattet sein, nicht allein sich eines Rechtsanwaltes zu bedienen, sondern auch sich durch andere

Personen vertreten zu lassen. Dies letztere hat insbesondere für solche Fälle Bedeutung, wo garnicht der Verletzte selbst, sondern Angehörige, Angestellte oder sonstige dritte Personen am besten die bei der Strafvertolgung in Frage kommenden Verhältnisse kennen.

Da der Verletzte gleichzeitig ein öffentliches Interesse wahrnimmt, so ist es durchaus berechtigt, ihm nicht allein Ersatz seiner Auslagen, sondern auch Vergütung für seine Mühewaltung zu gewähren.

Druck von Leonhard Simion Nf. in Berlin SW.